Das Melodramatis[...]
als Vertonungsstra[...]

C000148607

Europäische Hochschulschriften

European University Studies

Publications Universitaires Européennes

Reihe XXXVI   **Musikwissenschaft**

Series XXXVI   Musicology

Série XXXVI   Musicologie

Band/Volume **277**

Esther Dubke

Das Melodramatische als Vertonungsstrategie

Robert Schumanns Balladen
op. 106 und op. 122

Bibliografische Information der Deutschen Nationalbibliothek
Die Deutsche Nationalbibliothek verzeichnet diese Publikation in der Deutschen
Nationalbibliografie; detaillierte bibliografische Daten sind im Internet über
http://dnb.d-nb.de abrufbar.

Die Arbeit wurde von Frau Professor Ivana Rentsch, Universität Hamburg,
zur Veröffentlichung empfohlen.

Gedruckt auf alterungsbeständigem,
säurefreiem Papier.

ISSN 0721-3611
ISBN 978-3-631-67416-1 (Print)
E-ISBN 978-3-653-06767-5 (E-PDF)
E-ISBN 978-3-631-69705-4 (EPUB)
E-ISBN 978-3-631-69706-1 (MOBI)
DOI 10.3726/978-3-653-06767-5

© Peter Lang GmbH
Internationaler Verlag der Wissenschaften
Frankfurt am Main 2016
Alle Rechte vorbehalten.
PL Academic Research ist ein Imprint der Peter Lang GmbH.
Peter Lang – Frankfurt am Main · Bern · Bruxelles · New York · Oxford · Warszawa · Wien

Diese Publikation wurde begutachtet.

www.peterlang.com

Inhaltsverzeichnis

Vorwort

Im Alter von 35 Jahren formulierte Robert Schumann erstmals seine „Idee" zur Komposition eines Konzertmelodrams in den *Haushaltsbüchern*. Doch es sollten noch drei weitere Jahre vergehen, bis im Dezember 1849 sein erstes Werk „für Declamation mit Begleitung des Pianoforte", wie es im Erstdruck heißt, entstand. Nach der Vortonung der Ballade *Schön Hedwig* von Friedrich Hebbel folgten bis 1853 die *Ballade vom Haideknaben*, wiederum auf eine Hebbel-Dichtung, und *Die Flüchtlinge* nach einer Übersetzung des Gedichts *The Fugitives* von Percy Bysshe Shelley. Zum einen komponierte Schumann die drei in Rede stehenden Werke also in seiner späten Schaffensphase, der sowohl von zeitgenössischer Kritik als auch von Historiographie nachhaltig die Stigmata nachlassender Schöpferkraft und beginnender geistiger Umnachtung aufgeprägt wurden. Zum anderen entstanden *Schön Hedwig* op. 106, die *Ballade vom Haideknaben* und *Die Flüchtlinge*, die unter der gemeinsamen Opusnummer 122 zusammenfasst wurden, damit in einem Umfeld der generellen Ablehnung des Melodrams und zu einer Zeit, als das Genre – wie Franz Brendel betonte – „gänzlich aus der Mode gekommen" war. Allein diesen zwei Faktoren mag geschuldet sein, dass den beiden Opera beziehungsweise den drei Balladenvertonung in der musikwissenschaftlichen Forschung bisher wenig Resonanz zukam.

Die im Titel der Arbeit bereits anklingende Perspektivierung, die das Melodram nicht als feste Gattung begrenzt und stattdessen die Strategien hinter dem deklamatorischen Vertonungsprinzip zur Diskussion stellt, legt jedoch das experimentelle Potential der drei Werke offen. Darüber hinaus wird mit diesem analytischen Zugriff erkennbar, dass es sich keineswegs um anachronistische Gattungsbeiträge handelt, die an die populären Melodramen des späten 18. Jahrhunderts anknüpfen: Auf der Folie der zeitgenössischen Debatten über die musikalische Deklamation tritt grade die gänzlich neue Ausrichtung des Zusammenspiels von Text und Musik deutlich zutage. Eine Kontextualisierung mit den Lied- und Chorballaden sowie mit der Klaviermusik und den musikdramatischen Werken Schumanns ermöglicht zudem eine Annäherung an den ästhetischen Ausdruckswillen, der sich hinter einer deklamierten Textvertonung bei Schumann verbirgt. Wie Schumann im Einzelnen zur musikalischen Umsetzung seiner Wirkungsabsicht vorging, zeigt sich schließlich im Notentext selbst und soll analytisch herausgearbeitet werden. Die Konzentration auf die freie Deklamation einerseits und die Klaviersätze andererseits erweist sich dabei allein schon deshalb als sinnvoll, weil Schumann selbst Hinweise auf eine individuelle Prägung der Ausdrucksmedien Text und Musik lieferte.

Die vorliegende Studie ist als Masterarbeit im Sommer 2013 an der Universität Hamburg entstanden. Anknüpfungspunkt bildete ein Seminar zur Geschichte des Melodrams, angefangen bei den frühesten Gattungsvertretern von Rousseau über das erneut aufkeimende Interesse in der Mitte des 19. Jahrhunderts bis zu den melodramatisch konzipierten Werken von Humperdinck und Schönberg. Mein Dank gilt daher Frau Prof. Dr. Ivana Rentsch, die mich auf den Gegenstand und das Desiderat in der Melodramforschung aufmerksam machte; mir darüber hinaus bei meinen manchmal ausufernden und verworrenen Gedankenexperimenten beratend, sortierend und mit Einsatz zur Seite stand. Zudem danke ich Leonie Bünsch und zahlreichen Freunden – vor allem Juliane Pöche, Friederike Mühle, Johann Layer, Fabian Zerhau und Lukas Dall'Omo –, die mich bei der Einrichtung und Überarbeitung der Schrift tatkräftig unterstützt haben; Florence Eller für ihr offenes Ohr und ihre Diskussionsbereitschaft. Außerdem gebührt mein Dank natürlich meiner Familie und Sascha Ahlers für stoische Geduld sowie meiner tiefenentspannten Schildkröte Giovanni für zwar einseitige, aber beruhigende Gespräche.

1. Das Melodram in der Mitte des 19. Jahrhunderts: Ein „Genre von unerquicklichster Gemischtheit"

„Das eigentliche Melodrama ist jetzt gänzlich aus der Mode gekommen, und dies mit Recht. Sein Wesen lässt sich vor dem Richterstuhl der Aesthetik nicht rechtfertigen. Es ist weder das Eine, noch das Andere ganz, weder Schauspiel noch Oper, es fehlt ihm die höhere künstlerische Einheit. Zu sehr der Musik bedürfend, um als blosses Schauspiel mit Musik gelten zu können, mangelt ihm wieder die innige Verschmelzung des Wortes mit dem Ton, welche durch den Gesang erreicht wird. In grösserer Ausdehnung wird die Menge der Musikfetzen darin unerträglich."[1]

Drei Jahre nach der Absage an das Melodram als ein „Genre von unerquicklichster Gemischtheit"[2] in *Oper und Drama* fiel die Bilanz Franz Brendels nicht minder vernichtend als die Richard Wagners aus. Die einhellige Aburteilung der Gattung überrascht zunächst wenig – sind beide doch dem gleichen „Richterstuhl der Aesthetik" verpflichtet. Aber auch eine weitläufige Umschau in den Rezeptionszeugnissen des mittleren 19. Jahrhunderts zeichnet für das Melodram als eine „im allgemeinen ästhetisch verwerfliche Zwittergattung"[3] oder – unter offensiver Negation eines Gattungsanspruchs – als „Zwitterding"[4] eine gleichermaßen ablehnende Haltung. In der Diskussion über die Verwendung melodramatischer Gestaltungsmittel nahm der Diskurs über die Vereinbarkeit der beiden Ausdrucksebenen Musik und Text dabei auch abseits des Wagner'schen Gesamtkunstwerkes die zentrale Position ein und stellt sich so grundsätzlich als Knotenpunkt der ästhetischen Auseinandersetzung dar. Der ausführliche Artikel zum Melodram in der *Encyklopädie der gesamten musikalischen Wissenschaften* aus dem Jahr 1837 thematisiert diesen Gegenstand bereits unter Erhebung der gleichen vokalästhetischen und damit eigentlich gattungsfremden Maximen Brendels.

1   Franz Brendel, *Geschichte der Musik in Italien, Deutschland und Frankreich von den ersten christlichen Zeiten bis in die Gegenwart. Fünfundzwanzig Vorlesungen gehalten zu Leipzig* [2. umgearbeitete und vermehrte Auflage], Leipzig 1855, Bd. 2, S. 186.

2   Richard Wagner, *Oper und Drama*, hrsg. und kommentiert von Klaus Kropfinger, Stuttgart ²2008, 2. Teil, S. 130.

3   Hugo Riemann, Art. „Melodrama", in: *Musik-Lexikon*, Leipzig 1882, S. 569.

4   Hrsg. von Hermann Mendel und fortgesetzt von August Reissmann, Art. „Melodram", in: *Musikalisches Conversations-Lexikon*, Berlin 1877, Bd. 7, S. 117.

„Man hat mit Recht gegen das Melodram bemerkt, daß es zu wenig Abwechslung und Mannigfaltigkeit gewähre, und daß die Musik die Einförmigkeit des Eindrucks verstärke, indem sie durch Töne nur das wiedergebe, was schon durch Worte dargestellt ist; […] wirklich ästhetischen Werth hat das M. blutwenig; ja von rein musikalischer Seite betrachtet scheidet es fast ganz aus dem Bereiche wahrhafter, ächter Tondichtung. Nach der gewöhnlichen Vorgabe soll eine derartige Anwendung der Musik den Zweck haben, den Ausdruck des Sprechenden zu verstärken. Allein da muß man doch fragen, wenn diese Verstärkung wesentlich und durch die Natur der Empfindungen gefordert ist, warum geht diese Verstärkung nicht unmittelbar von dem aus, welcher diese Empfindungen äußert, oder mit anderen Worten, warum wird die Rede überhaupt nicht Gesang? […] So bedarf es denn wohl keines weiteren Beweises, daß das M., in welchem […] 2 Künste, die dasselbe Ziel verfolgen, mit besonderer Höflichkeit einander abwechselnd Platz machen, […] für eine gänzlich unnatürliche und deshalb unstatthafte Gattung dramatischer Erzeugnisse zu erklären ist, über deren Unwerth auch der Erfolg längst schon entschieden hat."[5]

Galt der Gesang als Ideal für die „innige Verschmelzung"[6] von Text und Musik, so stehen gemäß den zeitgenössischen Beurteilungen einer melodramatischen Kompositionsgestaltungen neben der Deklamation – hier würden Musik und Text als disparate Äußerungen desselben Gefühlszustandes erscheinen – also der Vorwurf einer bloßen musikalischen Doppelung des Textes ohne intensivierende Wirkung einerseits, und der des Auseinanderbrechens der kohärenten Form in beziehungslos nebeneinander stehende „Musikfetzen"[7] und Partien deklamierten Textes andererseits im Zentrum der Kritik. Im Melodram würden Musik und Poesie einander „mit besonderer Höflichkeit […] Platz machen"[8].

In diesem Umfeld der grundsätzlichen Ablehnung stechen die positiven Äußerungen zu den drei melodramatischen Balladenvertonungen Robert Schumanns umso markanter hervor. So zeigte sich Johannes Brahms in einem Brief an Clara Schumann von den drei Werken, und im Besonderen vom *Haideknaben*, beeindruckt.[9] Und gerade der „verhältnismäßig reine Eindruck", der sich zweifelsohne der in der Kritik stehenden gattungsspezifischen kompositorischen Orientierung

---

5   Hrsg. von Gustav Schilling, Art. „Melodram", in: *Encyclopädie der gesamten musikalischen Wissenschaften oder Universal-Lexicon der Tonkunst*, Stuttgart 1837, Bd. 4, S. 649f.
6   Brendel, *Geschichte der Musik* [2. Aufl., 1855], Bd. 2, S. 186; siehe S. 9.
7   Ebenda.
8   Schilling, Art. „Melodram", S. 651.
9   Brief von Johannes Brahms an Clara Schumann vom 15. Januar 1856: „Den Haideknaben möchte ich hören, den liebe ich sehr, am meisten von den dreien. Ich denke mir auch den Zusammenklang schön.", in: *Clara Schumann. Johannes Brahms. Briefe aus den Jahren 1853–1896*, hrsg. von Berthold Litzmann, Leipzig 1927, Bd. 1 [1853–1871], S. 168.

am punktuellen und affektiven Stimmungsmoment entgegenstellt,[10] wurde von Eduard Hanslick trotz genereller Vorbehalte gegen das Melodram als Bewertungskriterium f ü r das Gelingen der zwei Kompositionen *Schön Hedwig* op. 106 und *Der Ballade vom Haideknaben* op. 122 Nr. 1 herangezogen.

> „Obwohl grundsätzlich gegen dies melodramatische Genre eingenommen, in welchem sich die Musik vom gesprochenen Worte spröde sondert, wie Oel und Wasser, und eine Kunst die andere beeinträchtigt, anstatt sie zu mehren, – konnten wir uns doch diesmal eines verhältnismäßig reinen Eindrucks erfreuen."[11]

Doch auch dessen ästhetischer Gegenspieler Brendel redigierte sein entschiedenes Verdikt gegen die Gattung in der vierten Auflage seiner *Geschichte der Musik* an entsprechender Stelle – und stellte diese Berichtigung in einen direkten Zusammenhang mit den Konzertmelodramen Schumanns.

> „Das eigentliche Melodrama ist jetzt, was die Bühne betrifft, gänzlich aus der Mode gekommen. Ob mit Recht, wage ich ohne unmittelbare Anschauung, ohne lebendige Erfahrung durch theatralische Aufführungen, nicht zu entscheiden. In kleinerem Rahmen, für Haus und Concertsaal, kann die Verbindung des gesprochenen Wortes mit Musik von grosser Wirkung sein. S c h u m a n n's Balladen von H e b b e l, sowie neuerdings L i s z t's Bearbeitung der B ü r g e r'sche n, Lenore' liefern dafür einen überzeugenden Beweis."[12]

Weder ein unverhältnismäßiger Umfang der Kompositionen noch eine zusammenhanglose musikalische Faktur wurden nunmehr thematisiert; und der zuvor erklärte prinzipielle Missstand der freien Deklamation als Mittel der Sprachvertonung wurde für die genannten Melodramen Schumanns und Liszts ins Gegenteil gekehrt und damit von einer prädeterminierten Verantwortlichkeit für das ästhetische Misslingen einer Komposition freigesprochen. Auch mit der Differenzierung zwischen Bühnenmelodramen und solchen, die zum Zwecke einer konzertanten Aufführung konzipiert wurden, schlug Brendel eine neue und grundlegend andere Richtung ein: Nicht allein die musikalische Disposition

---

10 Siehe Ivana Rentsch, „Musik als leidenschaftlicher Augenblick. Jean-Jacques Rousseau, das ‚Ballet en action' und die Ästhetik des frühen Melodramas", in: *Archiv für Musikwissenschaft* Jg. 66 (2009), Heft 2, S. 93–109.

11 Eduard Hanslick, *Geschichte des Concertwesens in Wien*, Wien 1869/70, Bd. 2 [*Aus dem Concertsaal. Kritiken und Schilderungen aus den letzten 20 Jahren des Wiener Musiklebens*], S. 106.

12 Franz Brendel, *Geschichte der Musik in Italien, Deutschland und Frankreich von den ersten christlichen Zeiten bis in die Gegenwart. Fünfundzwanzig Vorlesungen gehalten zu Leipzig* [4. neu durchgesehene und vermehrte Auflage], Leipzig 1867, S. 524 (Hervorhebung original).

des Konzertmelodrams löst sich von den Gestaltungmitteln einer dramatischen Inszenierung, auch die Textwahl und der kompositorische Umgang mit der Textvorlage müssen hier keinen szenisch-dramaturgischen Überlegungen folgen und werden mit dieser Unterscheidung in den Fokus gerückt.[13]

1.1 Anfänge und Ursachen der musikästhetischen Diskussion

Bereits fünf Jahre nach Entstehung des ersten Bühnenmelodrams *Pygmalion* von Jean-Jaques Rousseau im Jahr 1772 komponierte Johann Rudolf Zumsteg das erste Melodram, das sich von einer szenisch-dramatischen Inszenierung löst. So machte Zumsteg einen poetischen Text zum Gegenstand einer melodramatischen Vertonung, der sich aufgrund seiner Beschaffenheit in unbearbeiteter Form – an dieser Stelle reicht der Hinweis auf die freie Rhythmik der Verse – nicht den zeitgenössischen liedästhetischen Anforderungen an eine Textvorlage fügt[14] und in Ermangelung eines handlungstragenden Inhalts außerdem als Sujet eines musikdramatischen Bühnenwerkes wenig tauglich scheint: Mit Zumstegs Vertonung der Klopstock'schen Ode *Die Frühlingsfeier* für Deklamation und Orchester 1777, dem ersten Melodram, das ausschließlich für den Konzertsaal komponiert wurde, nahm diese Kompositionspraxis also zu einer Periode ihren Anfang, als sich das Bühnenmelodram in Deutschland gerade etabliert hatte und sich Werke wie *Ariadne auf Naxos* und *Medea*[15] von Georg Anton Benda außerordentlicher Beliebtheit erfreuten.[16]

Die Motivation hinter der neuartigen Herangehensweise an das melodramatische Kompositionskonzept verbirgt sich folglich nicht hinter einer vermeintlichen Erschöpfung des Gattungspotentials oder einem mangelnden Interesse der musikkulturellen Öffentlichkeit. Vielmehr bildeten die Wiederbelebung beziehungsweise

---

13 Vgl. Klaus Zelm, „Zur Entwicklung des Konzertmelodrams im 19. Jahrhundert", in: hrsg. von Hermann Danuser und Tobias Plebuch, *Musik als Text. Bericht über den internationalen Kongress der Gesellschaft für Musikforschung. Freiburg im Breisgau 1993*, Kassel 1998, Bd. 1 [Hauptreferate], S. 389–396.

14 Vgl. bspw. Joseph Martin Kraus, *Etwas über die Musik fürs Jahr 1777*, Frankfurt a. M. 1778, S. 99–101: „Auf mehrere Strophen paßt eine und die nämliche Melodie – das heißt ein Lied. Es ist also nicht genug, daß in dem Ganzen einerlei Ton – einerlei Leidenschaft ist – Auch ebendieselbe Leidenschaft darf sich in jeder Strophe nie stark verändern. Der Komponist darf hier nur den durchgehenden Ton ausdrücken – Die Poesie muß also sich durchaus gleich bleiben."

15 Beide Werke wurden 1775 komponiert.

16 Monika Schwarz-Danuser, Art. „Melodram", in: hrsg. von Ludwig Finscher, *Die Musik in Geschichte und Gegenwart²*. *Sachteil*, Bd. 6, Stuttgart 1997, Sp. 82.

die Entwicklung der literarischen Gattungen Ode und Kunstballade im späten 18. Jahrhundert[17] den Nährboden für diese Form der Verwendung melodramatischer Vertonungsstrategien. Goethes Definition der literarischen Ballade beschreibt besonders greifbar jene Momente, die das Festhalten an dieser poetischen Gattung als Textvorlage seit dem Aufkommen des Konzertmelodrams erklärbar machen[18] und stellt zudem die kulturgeschichtlich enge Verquickung zwischen dichterischer Form und in Musik gesetztem Text heraus:

> „Die Ballade hat etwas mysterioses ohne mystisch zu sein; diese letzte Eigenschaft eines Gedichts liegt im Stoff, jene in der Behandlung. Das Geheimnisvolle der Ballade entspringt aus der Vortragsweise. Der Sänger nämlich hat seinen prägnanten Gegenstand, seine Figuren, deren Taten und Bewegung so tief im Sinne daß er nicht weiß wie er ihn ans Tageslicht fordern will. Er bedient sich daher aller drei Grundarten der Poesie, um zunächst auszudrücken was die Einbildungskraft erregen, den Geist beschäftigen soll; er kann lyrisch, episch, dramatisch beginnen, und, nach Belieben die Formen wechselnd, fortfahren, zum Ende hineilen, oder es weit hinausschieben. Der Refrain, das Wiederkehren ebendesselben Schlußklanges, gibt dieser Dichtart den entschiedenen lyrischen Charakter."[19]

Eine deklamierte ‚Textvertonung' ermöglichte so zunächst, auch strukturell unfügsame Stellen kompositorisch einzugliedern und – korrespondierend mit dem geforderten Ausdruck rezitativischer Passagen in zeitgenössischen Kompositionen – „zwar immer leidenschaftlich, aber nicht in dem gleichen oder steten Fluß desselben Tones, sondern mehr abgewechselt, mehr unterbrochen und abgesetzt"[20] einen am Affekt orientierten Vortrag der Dichtung. Über das instrumentale Arrangement und die musikalische Ausgestaltung der Verse und Strophen konnten zudem unterschiedliche Gefühlssphären und die verschiedenen Darstellungsebenen – episch, dramatisch, lyrisch – verklanglicht werden; Passagen des Erzählers und der fingierten Rollen in narrativer Abhängigkeit in

---

17 Die Dichtung *Lenore* von Gottfried August Bürger aus dem Jahr 1773 gilt als Gründungswerk der deutschen Kunstballade, mit dem Bürger den „Ernst dieser Gattung" durchsetzte. Vgl. hrsg. von Erhard Bahr, *Geschichte der deutschen Literatur. Kontinuität und Veränderung. Vom Mittelalter bis zur Gegenwart*, Stuttgart ²1998, Bd. 2 [*Von der Aufklärung bis zum Vormärz*], S. 94.
18 Bereits die *Encyclopädie der gesamten musikalischen Wissenschaften* hält diese Beobachtung fest. Schilling, Art. „Melodram", S. 649.
19 Johann Wolfgang von Goethe, „Ballade, Betrachtung und Auslegung", in: hrsg. von Gisela Henckmann und Irmela Schneider, *Sämtliche Werke nach Epochen seines Schaffens. Münchner Ausgabe*, Bd. 13,1 [*Die Jahre 1820–1826*], München 1992, S. 505.
20 Johann Georg Sulzer, Art. „Recitativ", in: *Allgemeine Theorie der schönen Künste*, Leipzig ²1779 [2. verbesserte Auflage], Bd. 4, S. 5.

verschiedener Weise musikalisch inszeniert und individuell geprägt werden.[21] Eben diese in der musikalischen Realisierung gespiegelte Zerlegung der Dichtung findet sich als ein Hauptkritikpunkt in den späteren Stellungnahmen zu melodramatischen Kompositionskonventionen wieder.

Sind die Textvorlagen der Konzertmelodramen – anders als die vergleichbar mit Opernlibretti bearbeiteten Textgrundlagen der Bühnenmelodramen – also in einem außermusikalischen, rein literarischen Milieu zu finden, so verschärft sich hier der Diskurs über eine mögliche Synthese von Musik und Text zu einer ästhetischen Auseinandersetzung über das Verhältnis zwischen den Kunstformen Musik und Poesie, die schließlich in der Frage kulminiert, welcher der beiden Priorität einzuräumen sei.

1.2 Die Konzertmelodramen Schumanns im Fokus der Musikkritik

Die 1859 erschienene musikkritische Abhandlung Richard Pohls zu Schumanns zwei melodramatischen Vertonungen der beiden Hebbel-Balladen op. 106 und op. 122 Nr. 1 – für die Vertonung der Ballade Percy Bysshe Shelleys *Die Flüchtlinge* op. 122 Nr. 2 in einer Übersetzung von Julius Seybt ist die früheste Aufführung erst im Dezember 1862 dokumentiert[22] – wird von eben diesem Konflikt der Prioritäten getragen. Und wie in der vierten Auflage der *Geschichte der Musik* Brendels[23] wird hier der freien Deklamation in ihrer klanglichen Qualität keine grundsätzliche Absage erteilt, sondern für den *Haideknaben* vielmehr als ästhetisch gerechtfertigtes Mittel zur musikalischen Umsetzung der vorgetragenen Inhalte hervorgehoben.

> „Ja, das Unheimliche der Situation wird eben durch die t o n l o s e Sprache in einer Weise erhöht, wie dies der Musik nicht möglich sein würde. Denn letztere mit ihrem

---

21 Lässt diese Definition zudem den engen Zusammenhang zwischen der literarischen Gattung Ballade und einer musikalischen Vertonung ihrer Gattungsvertreter bereits erahnen, so verwundert kaum, dass Monika Schwarz-Danuser konstatiert, dass die Geschichte der Ballade aufgrund ihrer Bedeutung für das Konzertmelodram – sowohl die Geschichte der Volks- als auch die der Kunstballade – in ihrer kulturgeschichtlichen Dimension von den musikalischen Sphären des Melodrams nur bedingt isoliert verstanden werden kann. Vgl. dazu Schwarz-Danuser, Art. „Melodram“, Sp. 82f.

22 Siehe in: *Signale für die musikalische Welt*, Jg. 20 (1862), Nr. 52 (Dezember), S. 732–733. Bis zu dieser Aufführung im Rahmen eines Leipziger Euterpe-Konzertes wurde der Werkzusammenhang regelrecht aufgebrochen, indem op. 106 meist zusammen mit op. 122 Nr. 1 vorgetragen wurde.

23 Siehe S. 11.

14

geordneten System der hohen und tiefen Lagen kann begreiflicherweise weder das ganz Klanglose, Dumpfe, Hohle, noch auch das in höchster Leidenschaft natürliche Klangüberragende künstlerisch gewähren."[24]

Und dennoch drängte Pohl das Melodramatische mit seiner restriktiven Charakterisierung als eine „erlaubte Aushülfe"[25] grundsätzlich bis an die Peripherie der möglichen Vertonungsstrategien einer poetischen Textvorlage. So bliebe eine solche musikalische Behandlung mit Aussicht auf ein ästhetisch vertretbares Kompositionsergebnis lediglich einer recht präzise umrissenen Gruppe von Dichtungen vorbehalten.

> „Wie unsere geneigten Leser sehen, ist also die Vertheidigung des in Rede stehenden Kunstgenres mit manchem ‚Wenn' und ‚Aber' verbunden. Eine erlaubte Aushülfe, um schöne poetische Werke, die für die Programmmusik sich wegen vorwiegend dramatischer Elemente nicht eignen, der Gesangscomposition jedoch durch Längen und musikalisch ungefüge Stellen widerstreben, – dennoch tonlich lebendig zu machen [...]."[26]

Es wären demnach „musikalische Situationen"[27], die einen „schönen poetischen Text" kennzeichnen und damit eine musikalische Behandlung nicht nur erstrebenswert machen, sondern als eine ästhetische Notwenigkeit einfordern würden, um – ganz im Sinne Wagners – mit dem kompositorischen Ergebnis einer gleichberechtigten Interaktion der Künste einen künstlerischen Mehrwert zu erzielen: Zur „Erreichung oder zur Erhöhung der künstlerischen Gesammtwirkung [sic!]" dürfe eine Kunstform die andere in ihrer expressiven Qualität weder beeinträchtigen noch einschränken.[28] Die „musikalisch ungefüge[n] Stellen"[29], welche gewissermaßen die Länge einer Textvorlage bereits einschließen und gleichermaßen eine Legitimierung des Melodramatischen nach sich ziehen würden, beziehen sich indes in erster Linie auf das epische Element dichterischer Formen wie der Ballade. Gerade die epische Gestaltung eines Stoffes stellte einen Komponisten bei der Vertonung eines Textes dieser poetischen Gattung vor die kompositorische Schwierigkeit der musikalischen Darstellung einer ‚Erzählhaltung'. Pohl sah in der Rehabilitierung des „trockenen Recitativs"[30] ebenso wenig eine Alternative wie in der Umgestaltung oder Auflösung der Dichtung in nur dramatische oder

---

24 Richard Pohl, „Die Leipziger Tonkünstler-Versammlung am 1.–4. Juni 1859. Zweiter Bericht.", in: *NZfM*, Bd. 51 (1859), Nr. 19 (November), S. 158 (Hervorhebung original).
25 Ebenda, S. 157.
26 Ebenda.
27 Ebenda.
28 Pohl, „Die Leipziger Tonkünstler-Versammlung", Nr. 9 (August), S. 73.
29 Pohl, „Die Leipziger Tonkünstler-Versammlung", Nr. 19 (November), S. 158.
30 Pohl, „Die Leipziger Tonkünstler-Versammlung", Nr. 9 (August), S. 73.

lyrische Situationen: Aus einem derart drastischen Eingriff in die poetische Faktur der Dichtung könne keine neue Kunstform hervorgehen und der geschlossenen Charakter des literarischen Werkes würde zerstört werden. Damit bleibt die Forderung nach einer kohärenten Form nicht auf das melodramatische Kompositionskonzept beschränkt, sondern wird über den künstlerischen Originalitätsanspruch der poetischen Textvorlage – auch in ihrer epischen Dimension – zu einer fundamentalen Problematik der Balladenvertonung erweitert. Pohl, der von Schumann mit der Textbearbeitung der Chorballade *Des Sängers Fluch* op. 139 beauftragt wurde, sah ausgerechnet in der vermeintlich defizitären formalen Disposition der zeitgenössischen Chorwerke, „deren Kunstwerth nachseiten der Form immer ein zweifelhafter sein wird"[31], ein Zeugnis seiner Überzeugung.

Da mittels einer melodramatischen Vertonungsstrategie auch sehr lange und vielschichtige Texten wie Oden und Balladen eine musikalische Behandlung erfahren könnten, ohne dass sich der Komponist diese „zurecht machen"[32] lassen müsste – also umfangreiche und ausschließlich kompositionstechnisch motivierte Änderungsmaßnahmen am literarischen Kunstwerk vornehmen muss –, fand das Melodram für Pohl auf dem schmalen Grat zwischen musikalischer Legitimität und künstlerischer Notwendigkeit einer Vertonung seine ästhetische Rechtfertigung.

> „Hier tritt das M e l o d r a m in seine Rechte ein, indem es Mittel darbietet, welche weder Wort noch Ton allein besitzen; es ersetzt den Gesang in solchen Fällen, wo dieser seiner innersten Natur nach nicht am Platze sein würde."[33]

Die Entscheidung über das vollständige Gelingen einer melodramatischen Komposition konstituiert sich bei Pohl folglich von vornherein aus der Wahl der Dichtung.

So stellte Friedrich Hebbels Ballade *Schön Hedwig* von Pohls Warte aus selbst für eine melodramatische Vertonung eine ungeeignete Textvorlage dar: Die Dichtung wäre zu nüchtern und farblos gestaltet und hielte infolgedessen zu wenige „musikalische Situationen"[34] bereit. Doch noch ein weiteres Charakteristikum hafte dieser Ballade an, das selbst einer musikalischen Umsetzung des Textes unter Zuhilfenahme melodramatischer Gestaltungsmittel entgegenstehe: Pohl hielt für das Melodram an einem symmetrisch konzipierten Kompositionsverlauf fest, der sich – wie von ihm dargelegt – aus einem ausgewogenen Verhältnis

---

31 Ebenda.
32 Ebenda.
33 Ebenda (Hervorhebung original).
34 Pohl, „Die Leipziger Tonkünstler-Versammlung", Nr. 19 (November), S. 158.

der durch Eintritte der Musik verursachten Abschnitte und der texttragenden Passagen ableite.[35] In der Dichtung *Schön Hedwig* überwiege nun das epische Moment in einem Maße, dass ihm dieser formale Anspruch grundsätzlich nicht realisierbar schien – und in der vorliegenden Vertonung von Schumann auch nicht eingelöst worden wäre.

Als letzte Konsequenz findet in dieser Ästhetik – trotz und gewissermaßen auch wegen der gemeinsamen Geschichte von Pohl und Schumann[36] – das Postulat einer vollständigen Synthese der Künste allein über die Schöpfung einer Dichtung zum Zwecke ihrer Vertonung seine Erfüllung.[37] Eine wenig überraschende Schlussfolgerung, betrachtet man die Begeisterung, mit der Pohl in den unter seinem seit 1852 gebräuchlichen Pseudonym „Hoplit" verfassten Artikeln und Rezensionen der *Neuen Zeitschrift für Musik* für die Werke von Wagner, Liszt und Berlioz eintrat[38] – dem, wie Brendel 1859 formulierte, „Triumvirat" der „Neudeutschen Schule"[39]. Umso bemerkenswerter, dass die ästhetischen Gegenspieler Hanslick und Pohl sich im Fazit ihrer Besprechungen in Bezug auf den *Haideknaben* nicht nur annäherten, sondern scheinbar ergänzten. Hanslick formulierte:

> „H e b b e l's meisterhafte Balladen, deren erstere ([,]Schön Hedwig') ein liebliches Bild von Mädchentreue und Ritterlieb' entfaltet, während die andere (,der Haideknabe') ein grausiges Nachtstück mit überwältigender Kraft schildert, werden von Schumann's Musik in bescheidener, fein anempfindender Weise interpretirt. Die Musik verzichtet durchaus auf die eigene Körperlichkeit und folgt nur wie ein Schatten bald leichter, bald dunkler den Gestalten des Dichters. Da mit der Meisterin am Clavier eine ebenbürtige Meisterin in der Declamation sich verbunden hatte (Marie Seebach), und in dieser wieder mit der höchsten Kunst der Rede ein feines musikalisches Hören, so strömt das ganze Melodram wie von Einer Kraft erschaffen und gehalten, ergreifend an den verdoppelten Organen unserer Phantasie vorüber."[40]

---

35 Ebenda, S. 157.

36 Martin Geck, „Haben Sie sich wohl überlegt, was Sie geschrieben haben?' Robert Schumann und Richard Pohl als Kontrahenten im Diskurs über eine ,neudeutsche' Musikästhetik", in: hrsg. von Ulrich Tadday, *Der späte Schumann* (= Musik-Konzepte. Neue Folge, Sonderband 11), München 2006, S. 19–28.

37 Pohl, „Die Leipziger Tonkünstler-Versammlung", Nr. 9 (August), S. 73.

38 Vgl. Geck, „Robert Schumann und Richard Pohl als Kontrahenten", S. 21f.

39 Franz Brendel, „Zur Anbahnung einer Verständigung. Vortrag zur Eröffnung der Tonkünstler-Versammlung", in: *NZfM*, Bd. 50 (1859), Nr. 24 (Juni), S. 271.

40 Hanslick, *Aus dem Concertsaal*, S. 106 (Hervorhebung original).

2. Schumanns Textwahl und musikalischer Umgang – künstlerischer Anspruch und kompositorische Freiheit

Birgt das melodramatische Kompositionskonzept die prinzipielle Möglichkeit eines schonenden und sorgsamen Textumgangs – also die Chance eines kompositorischen Entgegenkommens an die Originalität des poetischen Werkes –, so zeigt doch die Gattungsgeschichte des Konzertmelodrams, dass viele Komponisten des 19. Jahrhunderts auch zum Zwecke der melodramatischen Vertonung einer Dichtung nicht zögerten, durch Kürzungen, Straffungen oder auch Dramatisierungen in die Textvorlage einzugreifen.[41] So findet auch der Zugang zum kompositorischen Umgang Schumanns mit den dichterischen Vorlagen seiner drei Werke für Deklamation mit Begleitung des Pianoforte in einer ersten Ermittlung allgemeiner oder durchgängiger Tendenzen bei der Auswahl und Behandlung der von ihm verwendeten Dichtungen für vokale Kompositionen seine analytische Voraussetzung. Erste und grundlegende Erkenntnisse über die generelle Bedeutung von Literatur und Poesie im kompositorischen Schaffen Schumanns, über Veränderungen an Dichtungen von eigener oder fremder Hand sowie über kompositorische Entwicklungen in der musikalischen Bearbeitung poetischer Textvorlagen lassen erste und objektive Beobachtungen hinsichtlich einer spezifischen Prägung der melodramatischen Vertonungen zu. Aus diesen wiederum lassen sich erste Überlegungen zur funktionalen Position und zu einer musikästhetischen Absicht hinter der melodramatischen Vertonungsstrategie in Schumanns vokalem Schaffen ableiten.

Franz Liszt machte bereits 1855 in seinem Aufsatz „Robert Schumann" deutlich, dass weite Bereiche im Œuvre Schumanns nur über eine Vergegenwärtigung seiner fortwährenden Auseinandersetzung mit Literatur und der Dichtkunst vollständig begreifbar sind.

> „Er hat die Notwendigkeit eines nähern Anschließens der Musik, mit Inbegriff der blos instrumentalen, an Poesie und Literatur klar in seinem Geiste erkannt, wie schon Beethoven wenn auch nur im dunklen Drang des Genius sie fühlte, als er unter andrem den Egmont componirte und einigen seiner Instrumentalwerke bestimmte gegenständliche Namen beilegte; ebenso hat er die Literatur

---

41 Schwarz-Danuser, Art. „Melodram", Sp. 82.

der Musik angenähert in dem er *ipso facto* bewies, daß man zu gleicher Zeit ein bedeutender Musiker und doch ein gewiegter Schriftsteller sein könne.

[...] Musik und Literatur waren seit Jahrhunderten wie durch eine Mauer getrennt und die auf beiden Seiten derselben Wohnenden schienen sich nur dem Namen nach zu kennen. Kamen sie einmal in Contact, so erschienen sie dann nur gleich Pyramus und Thisbe – sie schauten und berührten sich heimlich nur durch die Spalten und klaffenden Risse der Steine welche sich zwischen ihnen aufthürmten. Schumann war Eingeborener in beiden Ländern und eröffnete den Bewohnern der getrennten Regionen eine Bresche durch welche mindestens einzelne Vermittler gegenseitiger Interessen zu dringen vermochten [...]."[42]

Das Blickfeld richtete sich bei Liszt zunächst – wie nachdrücklich hervorgehoben – innerhalb der reinen Instrumentalmusik auf Werke jener Kategorie, in der ein poetischer Text Musik evoziert; aber selbstredend schließen diese Sätze seiner Schrift auch Vokalkompositionen ein, in denen der dichterische Text als klingendes Element in den musikalischen Satz integriert wird.

„Weshalb also nach mittelmäßigen Gedichten greifen, was sich immer an der Musik rächen muß?"[43] Die Rhetorik dieser vielzitierte Frage Schumanns aus dem Jahr 1840 liest sich so nicht nur als eine an seine komponierenden Zeitgenossen gerichtete Forderung nach literarischem Anspruch in der Liedtextwahl: Sie entpuppt sich gleichsam als übergeordnetes Programm der eigenen kompositorischen Auseinandersetzung mit der bis dahin ausgeklammerten Liedgattung, der sich Schumann im selben Jahr – dem sogenannten Liederjahr – mit großem Eifer zuwandte. Das Bedürfnis des Komponisten, die „Geschicke der Musik mit denen der Poesie und Literatur in immer engere Verbindung zu bringen"[44], wie Liszt formulierte, konnte angesichts der literarisch-poetischen Durchdringung seines kompositorischen Denkens – und dies artikuliert sich schon in den vielfältigen Formen literarisch-kompositorischer Verbindungen wie poetischen Überschriften und literarischen Mottos[45] – offenbar nur gestillt werden, indem er ausschließlich auserlesene Werke der zeitgenössischen poetischen Elite für eine Vertonung auswählte.

Schumann betrachtete eine Dichtung folglich nicht als geistloses Textmaterial, das es als Werkstoff kompositorisch zu nutzen galt, sondern erkannte die

---

42 Franz Liszt, „Robert Schumann", in: *NZfM*, Bd. 42 (1855), Nr. 13 (März), S. 137 (Hervorhebung original).
43 Robert Schumann, „Drei gute Liederhefte", in: *NZfM*, Bd. 13 (1840), Nr. 30 (Oktober), S. 119.
44 Liszt, „Robert Schumann", Nr. 17 (April), S. 182.
45 Vgl. auch Bernhard Appel, „Robert Schumann als Leser", in: hrsg. von Joseph Kruse, *Robert Schumann und die Dichter. Ein Musiker als Leser*, Düsseldorf 1991, S. 12–17.

literarische Schöpfung in ihrem ästhetischen Wert als Kunstwerk an. Diese Pietät einer Dichtung gegenüber, die sich für das Lied durchaus als Aufwertung des poetischen Werkes begreifen lässt, erweist sich so als Voraussetzung für eine musikalisch geglückte und ausgewogene Komposition: Bereits die verfehlte Wahl einer Dichtung würde sich „an der Musik rächen"[46]. Indem Schumann den künstlerischen Wert und den geistigen Gehalt der poetischen Textvorlage als erstes Kriterium in der Entscheidung um ein ästhetisches Gelingen der jeweiligen Komposition aufstellte, folgte er einem Kanon, den auch Brendel als Ausgangspunkt für die „neuste Entwicklung"[47] einer „musikalischen Durchdringung des Wortes"[48], also einer engsten Verbindung zwischen Musik und Poesie auf dem Gebiet der Liedkomposition, bestätigte: „Erst mit dem Aufschwung der deutschen Poesie zu klassischer Höhe aber konnte von höherer, künstlerischer Bedeutung des Liedes die Rede sein."[49]

Insofern sah Brendel die Lieder Schumanns in eine Traditionslinie eingereiht, die von Beethoven ausgehend schließlich im Liedschaffen von Franz Schubert ihren „ersten Culminationspunct"[50] erreichte.

> „Dass eine solche enorme Vertiefung auch bezüglich der in Musik zu setzenden Gedichte eine ganz andere, reichere Auswahl als früher erheischte, ergibt sich hieraus von selbst. Wenn frühere Tonsetzer fast mehr nur zufällig, was in ihrer Hände gelangte, in Musik setzten, so sehen wir hier schon eine bewusstere Wahl und Absicht. […] Denn auch noch diese letztgenannte Eigenschaft ist von kunstgeschichtlicher Bedeutung und darf bei einer Charakteristik S c h u b e r t 's nicht übersehen werden. Das Streben, das Gedicht in seinen feinsten Nuancen zur musikalischen Ausprägung gelangen zu lassen, musste nothwendig auch auf eine innige musikalische Durchdringung des Wortes durch entsprechende Declamation in Verbindung mit schwungvollsten Melodien hinführen."[51]

Schubert habe als erster Liedkomponist mit seinen Gattungsbeiträgen „subjectiven Boden"[52] betreten und die Form um ein „dramatisch bewegtes Element"[53] erweitert. Aus dieser musikalischen Herangehensweise an eine poetische Textvorlage konstituiere sich der „Mittelpunct für die gesammte [sic!] neuere

---

46 Siehe Anm. 43.
47 Brendel, *Geschichte der Musik* [4. Aufl., 1867], S. 524.
48 Ebenda, S. 514.
49 Ebenda, S. 513.
50 Ebenda.
51 Ebenda, S. 514f. (Hervorhebung original).
52 Ebenda.
53 Ebenda.

Entwicklung"[54], in der sich die Lieder Schuberts als Gründungswerke der „wichtigsten Kunstgattung der Neuzeit"[55] verdient machen würden.

Die zuvor bereits in der Klaviermusik vorangetriebene „Poetisierung"[56] wurde von Schumann im Liederjahr auf die Vokalmusik übertragen: Die Wiedergabe der lyrischen „Gesammtstimmung [sic!]"[57] im Sinne eines andauernden Hauptaffekts wich der nuancierten musikalischen Umsetzung des „Ausdrucks im Einzelnen"[58]. Der unpersönliche Affekt wurde in eine musikalische Darstellung von subtilen Feinheiten und Details der Dichtung überführt, die sich auch an der Dynamik der Innenwelt und den wechselnden Temperamenten der Protagonisten orientieren konnte. So findet Schumann – im Gegensatz zu Franz Liszt[59] – in Brendels ausführlich kommentierter Zusammenstellung der wegweisenden Gattungsbeiträge im Liederfach direkt an Schubert anknüpfend Erwähnung; erklärte Brendel doch gerade die „auf die Spitze gestellte Subjectivität" zum „Princip der Gegenwart"[60].

> „In neuester Zeit erscheint dieses Ausscheiden des Subjects, des innersten Selbst aus der Welt der dasselbe erfüllenden Stimmungen fortgeführt bis zur Spitze und das Individuum spricht überwiegend nur noch sich selbst aus. Diese Wendung wurde zugleich die Veranlassung für die grossen Leistungen im Fache des Liedes."[61]

---

54 Ebenda, S. 513.
55 Ebenda, S. 515.
56 In der *Eröffnung des Jahrgangs 1835* der NZfM kündigte Schumann eine „dichterische Zukunft" der Musik an und formulierte damit als Musikkritiker gleichzeitig die Maximen für das kompositorische Schaffen der Gegenwart: die Abkehr von einer bloß äußerlichen Brillanz und Virtuosität und einer nur schul- und regelrechten Musik. 1854 änderte Schumann für die Herausgabe der *Gesammelten Schriften* den originalen Wortlaut des NZfM-Artikels in „poetische Zeit". In: Robert Schumann, *Gesammelte Schriften über Musik und Musiker*, hrsg. von Martin Kreisig, Leipzig ⁵1914, Bd. 1, S. 38. Zum frühen Klavierwerk Schumanns und zur Entwicklung seiner Kunstanschauung vgl. ausführlich Gerhard Dietel, „*Eine neue poetische Zeit'. Musikanschauung und stilistische Tendenzen im Klavierwerk Robert Schumanns*", Kassel 1989, S. 15–80.
57 Brendel, *Geschichte der Musik* [4. Aufl., 1867], S. 513.
58 Ebenda.
59 Zur Liedästhetik Franz Liszts und zu Brendels Haltung gegenüber den Liederkompositionen Liszts vgl. Ivana Rentsch, „‚Fast gesprochen': Franz Liszts Liedästhetik und das Melodram des 19. Jahrhunderts", in: hrsg. von der Schweizerischen Musikforschung, *Schweizer Jahrbuch für Musikwissenschaft. Neue Folge*, Serie 31 (2001), S. 11–25.
60 Brendel, *Geschichte der Musik* [4. Aufl., 1867], S. 505 (Hervorhebung original).
61 Ebenda (Hervorhebung original).

Dass Schumann nur dichterische Glanzstücke als „musikalische Texte"[62] zur Vereinigung von Poesie und Musik gewählt wissen wollte, scheint zunächst in einem unüberbrückbaren Widerspruch zu den verschiedenartigen Änderungen zu stehen, die er an seinen Textvorlagen vorgenommen hat: Etwa die Hälfte der Sololieder weist Abweichungen von der originalen Textgestalt der Vorlage auf – angefangen von der Wiederholung oder Auslassung bestimmter Textteile und ganzer Strophen über Umstellungen von Versen bis hin zur Veränderung oder Hinzufügung einzelner Worte.[63] Von einem literarisch-philologischen Standpunkt aus betrachtet wären alle Modifikationen als schwerwiegende Eingriffe in die Dichtung zu bewerten: Bereits durch die Reprise einer Strophe zerfällt die poetische Form des Textes und allein die Veränderung eines Wortes schlägt sich auf die klangliche Struktur der Dichtung nieder. Eine Einteilung in bedeutsame und unbedeutende Veränderungen würde sich daher zweifelsohne nur relativer Kategorien bedienen, die sich sowohl zur generellen als auch zur vergleichenden Betrachtung des Schumann'schen Textumgangs als unbrauchbar erweisen. Zentral ist, dass Schumanns Eingriffe in ein poetisches Werk – auch und gerade wenn sie sich auf eine Fehlleistung des Gedächtnisses oder eine fehlerhafte Übertragung zurückführen lassen[64] – grundsätzlich dokumentieren, dass das Verhältnis des Komponisten zu einem poetischen Text kein philologisches war. Vielmehr zeichnet sich ein produktionsästhetischer Zugang bei der Textwahl und der folgenden kompositorischen Bearbeitung ab:

> „Wenn Fruchtbarkeit ein Hauptmerkmal des Genies ist, so gehört Franz Schubert zu den größten. […] er hätte nach und nach wohl die ganze deutsche Literatur in Musik gesetzt, und wenn Telemann verlangt ‚ein ordentlicher Componist müsse den Thorzeddel componiren können', so hätte er an Schubert seinen Mann gefunden. Wo er hinfühlte quoll Musik hervor: Aeschylus, Klopstock, so spröde zur Composition, gaben nach unter seinen Händen, wie er den leichteren Weisen W. Müller's u. A. ihre tiefsten Seiten abgewonnen."[65]

---

62 Liszt, „Robert Schumann", Nr. 18 (April), S. 189.

63 Vgl. dazu ausführlich Rufus Hallmark, „Schumanns Behandlung seiner Liedtexte. Vorläufiger Bericht zu einer Neubewertung von Schumanns Liedern", in: hrsg. von der Robert-Schumann-Gesellschaft, *Schumanns Werke – Text und Interpretation*, Mainz 1987, S. 29–42.

64 Zu Textveränderungen, die sich derlei Umstände verschulden: siehe ebenda, S. 37–38.

65 Robert Schumann, „Aus Franz Schubert's Nachlaß.", in: *NZfM*, Bd. 8 (1838), Nr. 45 (Juni), S. 177.

Aus dieser schöpferischen Perspektive auf das musikalische Potenzial der Dichtung schließen der künstlerische Anspruch und die Wertschätzung des poetischen Werkes den spielerischen Umgang mit derselben, also kompositorische Freiheiten in der Setzung des Textes in Musik, keineswegs aus: Das Lied solle das Gedicht „in seiner leibhaftigen Tiefe wiedergeben"[66] und müsse zu diesem Zweck vom Komponisten in die passende musikalische Form gegossen werden.

Es gilt daher im Einzelfall zu beurteilen, ob und welchen musikalisch motivierten Sinn der Eingriff in eine dichterische Vorlage verfolgt. So können beispielsweise sowohl dramaturgische Absichten als auch harmonische oder formale Kriterien den Ausschlag für eine strophische Reprise geben.

2.1 Liedästhetik und Ballade: ein kompositorisches Problem in der Mitte des 19. Jahrhunderts

„Ich nehme es mit der Musik gern sehr ernsthaft, und halte es für unerlaubt, etwas zu componiren, das ich eben nicht ganz durch und durch fühle. Es ist als sollte ich eine Lüge sagen, denn die Noten haben doch einen ebenso bestimmten Sinn, wie die Worte, – vielleicht einen noch bestimmteren."[67]

Mit diesen Sätzen leitete Felix Mendelssohn Bartholdy die Ablehnung eines Kompositionsauftrags zur Vertonung der Ballade *Die nächtliche Heerschau* von Joseph Christian von Zedlitz ein. In der folgenden Passage des Briefes aus dem Jahr 1831 geben sich rasch die Gründe zu erkennen, die Mendelssohn für seine nüchterne Haltung der Dichtung gegenüber in der Verantwortung wissen wollte und ihn damit schließlich zur Absage motivierten:

„Nun scheint es mir überhaupt unmöglich, ein beschreibendes Gedicht zu componieren. Die Masse von Compositionen der Art beweisen nicht gegen, sondern für mich; denn ich kenne keine gelungene darunter. Man steht in der Mitte zwischen einer dramatischen Auffassung, oder einer blos erzählenden Weise: der Eine läßt im Erlkönig die Weiden rauschen, das Kind schreien, das Pferd galoppiren, der Andere denkt sich einen Balladensänger, der die schauerliche Geschichte ganz ruhig vorträgt, wie man eine Gespenstergeschichte erzählt. Das ist noch das Richtigste (Reichardt hat es fast immer so

---

66 Robert Schumann, „Lieder", daraus: „Robert Franz, 12 Gesänge für Sopran oder Tenor mit Pianoforte. Op. 1.", in: *NZfM*, Bd. 19 (1843), Nr. 9 (Juli), S. 35.

67 Brief von Felix Mendelssohn Bartholdy an Frau von Pereira, datiert mit „im Juli 1831", in: Felix Mendelsohn Bartholdy, *Briefe aus den Jahren 1830 bis 1847 von Felix Mendelssohn Batholdy*, hrsg. von Paul Mendelssohn Bartholdy, Leipzig ⁷1865, Bd. 1 [Reisebriefe aus den Jahren 1830 bis 1832], S. 205.

genommen), aber es sagt mir doch nicht zu; die Musik steht mir im Wege; es wird mir phantastischer zu Muth, wenn ich solches Gedicht im Stillen für mich lese, und mir das Übrige hinzudenke, als wenn ich es mir vormalen, oder vorerzählen lasse."[68]

In aller Klarheit formulierte Mendelssohn die Schwierigkeiten, mit denen sich ein Komponist romantischer Klavierlieder bei der Vertonung eines Balladentextes konfrontiert sah:[69] Die Vortragssituation der Ballade, die sich, wie Goethe in seiner Charakterisierung der poetischen Gattung bereits ansprach, über den „Sänger"[70] – der somit das gattungsimmanente epische Moment der Ballade gleichsam verkörpert – direkt an ein Publikum richtet, stellt sich zwischen Dichtung und Komponist. Eine Zwiesprache zwischen dem poetischen Werk und dem Tondichter, die sich schließlich in einer Musik entfaltet, die das Publikum lediglich als Mithörer und nicht als direkten Adressaten anspricht, wird über den Aufbau dieser geistigen und emotionalen Distanz vereitelt.[71] Das epische Moment und die neutrale Erzählhaltung der Ballade hinderten den Komponisten so gewissermaßen daran, die auch von Schumann für die Vertonung einer Dichtung eingeforderte „leibhaftige Tiefe"[72] des poetischen Textes vollständig zu erfassen – diesen „durch und durch zu fühlen"[73] wie Mendelssohn sich ausdrückte –, und den „Ausdruck des Ganzen"[74] sowie die „feineren Züge

---

68 Ebenda, S. 205f.
69 An dieser Stelle sei erwähnt, dass Brendel in den Liedkompositionen Mendelssohns den Durchbruch zu der „zur Spitze hindrängenden Subjectivität" – dem „Princip der Epoche" – noch nicht gänzlich eingelöst sah, er sich aber „eben so [sic!] wenig der neueren Entwicklung gänzlich entzogen" hätte. Brendel, *Geschichte der Musik* [4. Aufl., 1867], S. 522.
70 Goethe, „Ballade, Betrachtung und Auslegung", S. 505; siehe S. 13.
71 Carl Dahlhaus bezieht hierzu ausführlich Stellung und will die Unterschiede zwischen den vokalen Gattungen Lied, Ballade und Arie im 19. Jahrhundert nicht auf formale Merkmale zugeführt wissen, sondern allein auf die jeweilige Aufführungssituation. Er formulierte: „Eine Ballade (oder Romanze) ist eine gesungene Erzählung, und ihre eigentliche Darstellungsweise ist die unmittelbare Anrede des Autors an ein Publikum. Der Balladensänger ist ein Rezitator oder Rhapsode, der einem Kreis von Zuhörern eine Geschichte vorträgt, [...]. Dagegen redet in einem Lied der Autor selbst, wenn auch nicht als empirische Person, sondern als ‚lyrisches Ich' [...]." Vgl. Carl Dahlhaus, „Lied-Traditionen", in: hrsg. von Hermann Danuser, *Carl Dahlhaus. Gesammelte Schriften in 10 Bänden*, Laaber 2003, Bd. 5 [19. Jahrhundert II. Theorie/Ästhetik/Geschichte: Monographien], S. 109.
72 Schumann, „Lieder", daraus: „Robert Franz, 12 Gesänge für Sopran oder Tenor mit Pianoforte. Op. 1.", S. 35.
73 In: Brief von Mendelssohn an Frau von Pereira; siehe S. 24.
74 Robert Schumann, „Lieder und Gesänge", daraus „Theodor Kirchner, Zehn Lieder für eine Singstimme mit Pianoforte. – Op.1.", in: *NZfM*, Bd. 18 (1843), Nr. 30 (April), S. 120.

des Gedichts"[75] hervortreten zu lassen und zum Gegenstand der Komposition zu erheben. Die nackte Vertonung des ‚Erzählens' könne sich daher des poetischen Gehalts der Dichtung nicht bemächtigen und die Musik würde als inhaltsloses Beiwerk „im Wege stehen"[76].

Bei einer „dramatischen Auffassung"[77] als Gegenentwurf zur Vertonung einer Ballade stand in erster Linie die Rolle des begleitenden Instruments im Zentrum der Kritik: Das Klavier gestalte hier den erzählten, dramatischen Vorgang musikalisch aus und bilde einzelne Textstellen tonmalerisch ab. Die begleitende Musik würde sich also nur in einer narrativen Eigenschaft hervorwagen, die sich auf das Text-Abbilden im Detail wie im Ganzen beschränke und würde damit lediglich eine bloße Dopplung der Dichtung darstellen. Der Klavierpart repräsentiere hier eine musikalische Erläuterung des poetischen Werkes, der es nicht bedarf, und die weder eine Vertiefung noch eine Erhöhung des Ausdrucks erzielen könne. Vielmehr würde das instrumentale ‚Beiwerk' die Fantasie und das Einfühlungsvermögen des Rezipienten hemmen: „Die Musik steht im Wege"[78].

2.1.1 Die „Bestimmtheit des Ausdrucks"

Ungeachtet der Frage, ob und wie Schumann Schuberts Vertonung des *Erlkönigs* beurteilte, dürfte er sich vor ähnliche Probleme gestellt gesehen haben, die bereits Mendelssohn von der Vertonung der von Zedlitz'schen Ballade abhielten: Auch das ästhetische Postulat Schumanns der „kunstvolleren und tiefsinnigeren Art des Liedes"[79] kollidiert mit der gattungseigenen Anlage der Ballade. Wie ein Brief an Clara Wieck von Februar 1840 belegt, berücksichtigte er dennoch diese poetische Form seit Beginn seiner intensiven vokalkompositorischen Auseinandersetzung mit dichterischen Textvorlagen und bezog Balladen sowie Romanzen[80] in der ersten Phase seiner Liedproduktion ein:

---

75 Ebenda.
76 In: Brief von Mendelssohn an Frau von Pereira; siehe S. 24f.
77 Ebenda.
78 Ebenda.
79 Schumann, „Lieder", daraus: „Robert Franz, 12 Gesänge für Sopran oder Tenor mit Pianoforte. Op. 1.", S. 35.
80 Zur Verwendung der Termini bei Robert Schumann vgl. Walter Best, *Die Romanzen Robert Schumanns* (Diss. Hamburg 1988), Frankfurt a. M. 1988, S. 47–64 und S. 151. Schumann passte sich in seinem Gebrauch der Gattungsbezeichnungen den literarischen Gepflogenheiten seiner Zeit an und unterschied nicht klar zwischen den Begriffen.

„Ich will Dir nur sagen, ich hab' sechs Hefte Lieder, Balladen, Großes und Kleines, Vierstimmiges gemacht. Da wird dir manches recht gefallen."[81]

So befinden sich unter den insgesamt 138 Gedichtvertonungen für Singstimme
mit Klavierbegleitung des Liederjahres neun Balladen beziehungsweise Romanzen, die vom Komponisten auch als solche deklariert wurden und zu den ersten
drei Heften *Romanzen und Balladen* op. 45, op. 49 und op. 53[82] zusammengefasst wurden. Hinzu kommen weitere Kompositionen, bei denen die literarische
Gattungsbezeichnung der balladischen Textvorlage nicht in den Titel des musikalischen Werkes oder des Zyklus' aufgenommen wurde wie die Vertonung der
Ballade *Belzasar* von Heinrich Heine op. 57 oder die *Drei Gesänge. Gedichte von
Adalbert von Chamisso* op. 31[83]; auch hier erweisen sich die „Gedichte" de facto
als Balladen. Die insgesamt dennoch geringe Zahl der frühesten von Schumann
in Musik gesetzten Balladen erklärt sich aus der zielgerichteten Auslese, die sich um
bestimmte Charakteristika in der Textgestaltung bemühte. Dass die vollendeten Kompositionen Schumanns ästhetischen Vorstellungen einer ausdrucks-
vollen Gedichtvertonung nicht zuwiderliefen, ist also zunächst auf die Wahl der
poetischen Werke zurückzuführen.

In allen vertonten Balladendichtungen der ersten Liederperiode bildet nicht
der Vortrag einer Handlung den Kern des Textes, sondern die Protagonisten
und ihr innerliches, seelisches Befinden: In *Die Kartenlegerin* op. 31 Nr. 2 nach

---

81 Brief von Robert Schumann an Clara Wieck vom 16. Februar 1840, in: Robert Schumann, *Schumann Briefedition*, hrsg. von Thomas Synofzik u. a., Serie I [*Briefe aus der
Familie Robert und Clara Schumanns*], Bd. 7 [*Braut- und Ehebriefwechsel Robert und
Clara Schumann Bd. IV: Februar 1840 bis Juli 1856*], Köln 2015, S. 123. Auch ediert
in: hrsg. von Wolfgang Boetticher, *Robert Schumann in seinen Schriften und Briefen*
(= Klassiker der Tonkunst in ihren Schriften und Briefen 6), Berlin 1942, S. 323 („Ich
will dir nur sagen, ich hab' sechs Hefte Lieder, Balladen… und kleines Vierstimmiges
gemacht, da wird dir manches leicht gefallen.").

82 Aus dem vierten Heft der *Romanzen und Balladen* für Singstimme mit Klavierbegleitung op. 64 komponierte Schumann die Nr. 3, *Tragödie* nach Heinrich Heine, im
Jahre 1841. Die beiden Mörike-Vertonungen entstanden erst im Mai 1847: Am 26. Juni
1847 vermerkte Schumann im Haushaltbuch: „4tes Hft. d. Romanzen in Ordnung
gebracht.", in: hrsg. von Gerd Nauhaus, *Robert Schumann. Tagebücher*, Leipzig 1982,
Bd. 3,2 [Haushaltsbücher Teil 2, 1847–1856], S. 430. Diese Sammlung findet daher an
dieser Stelle für das Liederjahr keine Erwähnung.

83 Schumann hat den Namen „Adelbert" des Dichters mit dem Vornamen „Adalbert" ver-
wechselt, siehe dazu Kazuko Ozawa, „Quellenuntersuchung zu den ‚Chamisso-Liedern'
op. 40", in: hrsg. von der Robert-Schumann-Gesellschaft, *Schumanns Werke – Text und
Interpretation*, Mainz 1987, S. 77.

Adelbert von Chamissos Nachdichtung der *Vier Lieder von Béranger* taucht so
beispielsweise infolge der monologischen Konzeption des Textes gar keine Er-
zählerrolle auf; und in *Die beiden Grenadiere* op. 49 Nr.1 nach Heine setzt sich
der wesentliche Teil der Dichtung aus einem Dialog zweier Infanteristen zusammen. Die Balladen erweisen sich also als wenig aktionsträchtig und stellen in
der Folge auch nicht die Längsten ihrer Gattung dar. Eine detaillierte musikalische Erläuterung der Handlungsebenen und -situationen unter Zuhilfenahme
illustrativer Kompositionsmittel stellt sich damit von vornherein als verzichtbar
heraus. Außerdem zeigt sich das epische Moment der poetischen Gattung zurückgedrängt, sodass die musikalische Darstellung einer Erzählhaltung nicht
den wesentlichen Teil der Komposition einzunehmen brauchte oder vollständig
vermieden werden konnte. In der dritten Ballade von op. 31, *Die rothe Hanne*,
wird die unpersönliche und neutrale Erzählperspektive in eine Ich-Erzählsitu-
ation gekehrt. Auch hier kann der Notentext gewissermaßen als musikalische
Inszenierung den Gemütsbewegungen der Protagonisten folgen und so die Auseinandersetzung Schumanns mit der – wie Brendel formulierte – „Bestimmtheit
des Ausdruck"[84] entfalten. Die in Musik gesetzten Balladen von 1840 richten
sich also entgegen ihrer gattungsspezifischen Bestimmung nicht explizit an ein
Publikum.[85] Bereits mit der Wahl des literarischen Werkes als textliche Vorlage
zeichnet sich folglich ab, dass in Schumanns erster Phase der vokalkompositorischen Beschäftigung mit poetischen Texten hinter einer Balladenvertonung und
der musikalischen Bearbeitung eines kürzeren lyrischen Gedichts die gleichen
ästhetischen Absichten und Prinzipien stehen – Prinzipien und Absichten, die
auf eine Vertonung in Form einer Liedkomposition abzielen.[86]

2.1.2 Die frühesten in Musik gesetzten Balladen Schumanns

Vor dem Hintergrund einer kompositionsästhetisch gleichartigen Zielsetzung
verwundert kaum, dass Schumann seine balladischen Textvorlagen aus einer
ähnlichen, produktionsästhetischen Perspektive wie die Gedichte seiner Lieder

---

84 Brendel, *Geschichte der Musik* [4. Aufl., 1867], S. 528.
85 Der Artikel „Ballade" im Lexikon *Musik in Geschichte und Gegenwart* hält diese mu-
    sikalischen Charakteristika der Schumann'schen Balladenvertonung fest, vermerkt
    jedoch nicht, dass sich diese ausschließlich der Textwahl verdanken. Vgl. Florian Sauer,
    Art. „Ballade", in: hrsg. von Ludwig Finscher, *Musik in Geschichte und Gegenwart²*.
    Sachteil, Bd. 1, Kassel 1994, Sp. 1147.
86 In seiner Rezension der Liedkompositionen Robert Franz' hebt Schumann lobend
    hervor, dass diese sich gerade für das intime Musizieren eigenen: „Zum Vortrag der
    Lieder gehören Sänger, Dichter, Menschen; allein lassen sie sich am besten singen und
    dann etwa zur Abendstunde.", in: Schumann, „Lieder", S. 35.

betrachtete und ihnen auch mit einer ähnlichen Zwanglosigkeit gegenübertrat. In der bereits erwähnten Ballade *Die Kartenlegerin* vertonte Schumann nur sechs der sieben Strophen Chamissos. Die sechste Strophe, in der das Mädchen von einem „lustig Leben" in Paris träumt, wurde von Schumann nicht in Musik gesetzt, erfährt aber dennoch eine musikalische Behandlung: Wie in den zuvor vertonten Strophen suggeriert eine Fermate das Ende beziehungsweise den Beginn eines neuen Abschnitts. Doch anstelle der gesungenen und vom Klavier begleiteten Verse erklingt ein musikalisches Zwischenspiel, in dem das einleitende 32tel-Motiv vom Beginn des Stückes und der Strophenanfänge in einen kapriziösen Charakter überführt und in dieser Variante wiederholt wird. Der poetische Gehalt der Strophe spricht sich nicht über einen vorgetragenen Text aus, sondern wird direkt vom Klavier erfasst und unumwunden zum Ausdruck gebracht. Die unmittelbare Nähe des Komponisten zur Dichtung wird über diese rein instrumental eingerichtete Strophe regelrecht hörbar: Schumann erkannte der von ihm komponierten Musik das Vermögen zu, den tieferen Sinn der Verse auch ohne Worte in ihrer musikalischen Qualität zur Darstellung bringen zu können.

Schumann nahm für diese Komposition noch weitere Eingriffe in den poetischen Text vor, die allerdings einem anderen Impuls geschuldet sind: Offensichtlich strebte er eine syntaktisch ausgeglichene Vertonung jeder Strophe an. Da sich diese aber aus jeweils sieben in der Regel vierhebigen Versen zusammensetzen, von denen jeder Vers über zwei Takte vertont wurde, wiederholte Schumann in jeder Strophe jeweils einen Vers – in den meisten Fällen den letzten. So ergaben sich pro Strophe acht Verse, die sich musikalisch zu einer Einheit aus vier Phrasen zusammenfügen. Die Umarbeitung der Dichtung ermöglichte folglich eine formale Konzeption der musikalischen Ausformung,[87] die sich in ihrer strophischen Faktur von der einer Schumann'schen Liedkomposition nicht abgrenzen lässt.

Auch in den übrigen Balladenvertonungen orientierte sich Schumann in der formalen Gestaltung am strophischen Aufbau der Dichtung. Die formale Disposition der vertonten Ballade unterscheidet sich also infolge der Wahl des poetischen Werkes weder in der Konzentration auf das Subjekt noch in der strophischen Gliederung von der Vertonung eines lyrischen Gedichts. Stellen eine kurze Einführung in Umfeld und Atmosphäre der Dichtung sowie ein beschließender Nachtrag den Rahmen des literarischen Werkes, so kann auch diese

---

87 *Die Kartenlegerin* op. 31, 2 ist in einem Rondoschema AA' BA" CA''' komponiert. Vgl. zur formalen Konzeption des gesamten op. 31 Jon Finson, *Robert Schumann. The Book of songs*, Harvard 2007, S. 94–98.

inhaltliche Ebene strukturierend wirken. In *Die Löwenbraut* op. 31 Nr. 1 werden der einleitende Vortrag und der Epilog – hier gibt sich der zunächst neutrale Erzähler als aktiver Teilnehmer des Geschehens zu erkennen – nicht nur durch einen Doppelstrich formal abgegrenzt, sondern auch durch einen Wechsel der Tonalität sowie einen Taktwechsel von einem großflächigen und archaischen 4/2-Takt zu einem weniger statischen 3/2-Takt.[88]

Auch die formale Disposition von *Die beiden Grenadiere*[89] aus dem zweiten Heft der *Romanzen und Balladen* op. 49 – also eine auch als solche ausgewiesene Balladenvertonung – berücksichtigt im Großen und Ganzen die strophische Struktur der Dichtung, wobei Schumann jeweils zwei der vierversigen Strophen zu einer doppelstrophigen, achtversigen Einheit musikalisch zusammenfasste (Notenbeispiel 1). Die ersten beiden ‚Strophen‘ (also Heines Strophen 1–2 und 3–4) beginnen vergleichbar, werden dann aber ab dem dritten beziehungsweise vierten Vers über den Oktavabstieg der linken Hand der Klavierbegleitung unterschiedlich weitergeführt und erhalten so eine individuelle Prägung. Die Strophen acht und neun von Heines Dichtung erfahren eine gesonderte musikalische Behandlung: Indem Schumann diese auf die *Marseillaise* setzte, wird die patriotische Gesinnung und Standfestigkeit der Grenadiere im Angesicht ihres Todes auch musikalisch thematisiert.[90] Zu diesem Zweck nahm Schumann einen Eingriff in die Textvorlage vor und wiederholte den zweiten Vers der letzten Strophe.

---

88 Auch in *Die rothe Hanne* op. 31,3 wird die Passage der wörtlichen Rede des Wilddiebs durch einen Doppelstrich und durch eine Veränderung des Bleigleitmusters im Klavier hervorgehoben.

89 Der originale Titel Heinrich Heines lautet *Die Grenadiere*.

90 Finson, *Robert Schumann. The Book of songs*, S. 107.

Notenbeispiel 1: *Die beiden Grenadiere* op. 49 Nr. 1, Vertonung Strophe1, Strophe 2 und
Anfang Strophe 3.

Auch in dieser Ballade erscheinen episches und dramatisches Element miteinander verschränkt: der Erzähler verschwindet im zweiten und umfassenderen Teil der Ballade mit den Worten „der Eine sprach" und „der Andere sprach". Die Handlung ist im Folgenden mit dem identisch, was der Dialog der Infanteristen beinhaltet und wie sich dieser darstellt. Die dialogische Struktur der Dichtung muss daher musikalisch nicht durchbrochen werden und die Musik kann ohne formale Einschnitte dem inneren Temperament der Protagonisten folgen. Die zunehmende Erregtheit der Soldaten drückt sich so schon in der Vortragsanweisung „nach und nach bewegter" (Takt 45) aus, die zu einem „Schneller" (Takt 53) gesteigert wird. Um den inhaltlichen Rahmen von Beginn an zu erfassen, vertonte Schumann die Ballade in g-Moll und legte die Klavierbegleitung in der Manier eines Trauermarsches an. Die Singstimme ist verhältnismäßig tief gesetzt und bewegt sich in einem geringen Ambitus; die syllabische Vertonung der Verse und die chromatische Melodieführung deuten zudem einen deklamatorischen Duktus an, der durch eine parallele Akzentuierung der melodischen Haupttöne in den Akkorden des Klaviers gestützt wird. Diese musikalische Behandlung der Singstimme kann jedoch nicht als spezifisch für Schumanns Balladenvertonungen gelten, sondern zeichnet sich als eine Entwicklung im gesamten Liedschaffen des Komponisten ab.

Bemerkenswert in diesem Zusammenhang ist jedoch das zweitaktige Vorspiel des Klaviers: Gemäß der tonalen Verhältnisse wäre über dem Quintfall von d nach G beziehungsweise über dem Quartaufstieg von d^2 nach g^2 der Rahmenstimmen (vom Auftakt zur ersten Zählzeit von Takt 1) eine harmonische Ausgestaltung von Dominante zur Tonika zu erwarten gewesen. Schumann aber harmonisiert den Auftakt in einem Quartsextakkord der Tonika g-Moll und lässt den Grundton der Tonika auf der ersten Zählzeit des ersten Taktes harmonisch in der Schwebe. Der musikalische Schwerpunkt, zusätzlich durch einen Akzent prononciert, ist also einer metrisch unbetonten Zählzeit zugeordnet und wirkt dem folgenden Taktschwerpunkt im *mf* entgegen: Der Fluss der Musik gerät ins Stocken und die Achtelpause vor dem folgenden punktierten Motiv wird in der Einhaltung ihrer Dauer gefährdet. Bereits vor dem Einsetzen der ersten Textzeile intoniert das Klavier so einen metrisch ungebundenen, deklamatorischen Gestus. Bei der Wiederholung dieser Figur zwischen der zweiten und dritten Strophe Heines (von Takt 18 auf Takt 19) konvergieren harmonische Gestaltung und metrischer Schwerpunk der Musik hingegen erwartungsgemäß. Die Dominante auf der letzten Achtel von Takt 18 leitet über ein *crescendo* in den Grundton der Tonika im *forte* auf der ersten Zählzeit von Takt 19. Das Klavier vermittelt hier also keine deklamatorische Gebärde, die Wiederkehr des Motivs nimmt allein eine gliedernde Funktion ein.

Zusammenfassend lassen Schumanns frühe Balladenvertonungen in der kompositorischen Behandlung und musikalischen Gestaltung der poetischen Textvorlage keine balladenspezifischen Besonderheiten erkennen. Schumann wählte die zur musikalischen Bearbeitung vorgesehenen Dichtungen nach Kriterien aus, die eine Vertonung gemäß seinen liedästhetischen Prinzipien – eine Darbietung im privaten Kreis eingeschlossen – ermöglichten. Dementsprechend nahm er sich die gleichen künstlerischen Freiheiten in der Umarbeitung der poetischen Werke zugunsten ihrer musikalischen Ausformung heraus, die sich ebenso seinen liedästhetischen Formvorstellungen und Kompositionsmaximen unterordneten. Die frühen Balladen für eine Singstimme mit Klavierbegleitung lassen sich somit problemlos in die Liedproduktion des Jahres 1840 einreihen.

2.2 Überwindung der Gattungsgrenzen: Oper, Oratorium und Ballade

„Nur noch eine Frage und Bitte. Mit [sic!] fiel ein, daß manche Ballade mit leichter Mühe und guter Wirkung als Concert-Musikstück für Solostimmen, Chor u. Orchester zu behandeln wäre. Vor allem hab ich es auf des <u>Sängers Fluch</u> v. Uhland abgesehen. Aber es fehlt mir dazu ein Poët, der einige Stellen in die musikalische Form göße. Auf dem beifolgenden Blättchen […] habe ich ohngefähr angedeutet, wo das Original beibehalten, und […] wo es geändert werden müßte. Dabei wünschte ich freilich das Uhland'sche Metrum beibehalten, und wohl auch die Sprachweise einigermaßen der Uhlands angepaßt."[91]

---

91 Brief von Robert Schumann an Richard Pohl vom 25. Juni 1851, in: Robert Schumann, *Schumann Briefedition*, hrsg. von Thomas Synofzik u. a., Serie II [*Freundes- und Künstlerbriefwechsel*], Bd. 5 [*Briefwechsel Robert und Clara Schumanns mit Franz Brendel, Hermann Levi, Franz Liszt, Richard Pohl und Richard Wagner*], Köln 2014, S. 370 (Hervorhebung original). In der 1887 erschienenen Briefausgabe von Hermann Erler heißt es da „Mir fiel ein, daß manche Ballade mit leichter Mühe und guter Wirkung als Concert-Musikstück für Solostimmen, Chor und Orchester zu behandeln wäre. Vor allem habe ich es auf des ‚Sängers Fluch' von Uhland abgesehen. Aber es fehlt mir dazu ein Poët, der einige Stellen in die musikalische Form gösse. Auf dem beifolgenden Blättchen […] habe ich ungefähr angedeutet, wo das Original beibehalten, und […] wo es geändert werden müßte. Dabei wünschte ich freilich das Uhland'sche Metrum beibehalten und wohl auch die Sprachweise einigermaßen der Uhlands angepaßt." In: Robert Schumann, *Robert Schumann's Leben. Aus seinen Briefen geschildert von Hermann Erler. Mit zahlreichen Erläuterungen und einem Anhang, enthaltend die nicht*

Im Juni 1851 formulierte Schumann in einem Brief an Richard Pohl erstmals seine Idee und sein Vorhaben zur Vertonung einer Ballade als Vokalwerk mit Orchesterbegleitung für den Konzertsaal. Bereits an der Oberfläche äußern sich hier die kompositorischen Erfahrungen mit dem Orchesterklang und die Auseinandersetzung mit der Vokalmusik in großer Besetzung der vorangegangenen Jahre. Darüber hinaus geben sich in diesen wenigen Sätzen alle wesentlichen Momente zu erkennen, die in der zweiten Periode der intensiven musikalischen Auseinandersetzung mit poetischen Werken und namentlich der Ballade die kompositorische Herangehensweise und das ästhetische Programm Schumanns charakterisieren.

Mit Abschluss der Kompositionsarbeiten am vierten Heft der *Romanzen und Balladen* op. 64 für Solostimme und Klavierbegleitung bildeten noch bis einschließlich 1847 die ‚subjektive‘ Gefühlsschilderung und die Ausbreitung innerlicher Seelenzustände die geforderte Substanz und den Sinngehalt des musikalischen Ausdrucks, der sich in einer Balladenvertonung aussprechen sollte. Für die Ballade als Chorwerk verfolgte Schumann ein anderes ästhetisches Konzept: Bereits die insgesamt zwanzig *a cappella* Balladen- beziehungsweise Romanzenvertonungen des Jahres 1849 – Schumann komponierte diese Werke innerhalb eines Zeitraums von nur drei Monaten –, die zu den vier Heften *Romanzen und Balladen für gemischten Chor* op. 67, 75, 145 und 146 zusammengefasst wurden,[92] dokumentieren nachdrücklich die Anstrengungen zur Erschließung einer gemeinverständlichen Musik und zur Erweiterung des Repertoires für Chorvereinigungen. Und aus diesem soziokulturellen Zusammenhang werden die Bemühungen um einen neuen, nach Wirkung strebenden musikalischen Ausdruck für die Vertonung einer Ballade erklärlich.[93] Die ‚Subjektivität‘ im Ausdruck musste zwangsläufig einer Hinwendung zur ö f f e n t l i c h k e i t s o r i e n t i e r t e n Musik weichen, die sich an erster Stelle

---

in die „Gesammelten Schriften" übergegangenen Aufsätze R. Schumann's, hrsg. von Hermann Erler, Berlin 1887, Bd. 2, S. 152.

92 Das erste dieser Hefte erschien im Entstehungsjahr, das zweite wurde 1851 herausgegeben. Op. 145 und 146 wurden posthum auf Initiative von Clara Schumann 1860 publiziert.

93 In wieweit diese Neuorientierung mit Schumanns Chorleitertätigkeit in Dresden ab 1844 und der Anstellung als Städtischer Musikdirektor in Düsseldorf seit 1850 oder auch der demokratisch-nationalen Bewegung in einen Zusammenhang gebracht werden kann, braucht und soll an dieser Stelle nicht diskutiert werden. Vgl. dazu Best, *Die Romanzen Robert Schumanns*, S. 187–230.

einer öffentlichkeitsanziehenden „Wirkung"[94] verpflichtete. Die Kompositionen müssten sich – wie Brendel formulierte – einer „Objectivität des Styls und des Ausdrucks"[95] bemächtigen, die nicht allein einem elitären Kreis vorbehalten bleiben sollte und sich auch gegenüber musikalisch weniger Gebildeten nicht verschloss. Für das poetische Werk ‚Ballade' bedeutete diese ästhetische Kehrtwende grundsätzlich – also unabhängig von Textwahl oder Textbearbeitung – eine Rückkehr zur publikumsorientierten Vortragssituation gemäß der von Goethe formulierten Definition.[96]

Im selben, oben zitierten Brief hatte Schumann zuvor ähnliche wirkungsästhetische Absichten im Zusammenhang mit der geplanten Komposition eines Luther-Oratoriums dargelegt.[97] Pohl, dem Schumann auch die Librettoeinrichtung dieses Werkes angetragen hatte, sollte sich bei der Textgestaltung entsprechend an einer lebensnahen Aufmachung und an einem zugänglichen musikalischen Leitfaden orientieren.

> „Nur das Eine möchte ich Ihnen noch ans Herz legen, was mir immer klarer wird. Das Oratorium müßte ein durchaus volksthümliches werden, eines, das Bauer und Bürger verstünde – dem Helden nach, der ein so großer Volksmann war. Und in diesem Sinne würde ich mich auch bestreben, meine Musik zu halten, eindringlich, durch Rhythmus und Melodie vorzugsweise wirkend."[98]

Beinahe elf Jahre nach diesem Schreiben stellte Pohl schließlich die Zusammenhänge zwischen dramatisch orientiertem Oratorium in der Mitte des 19. Jahrhunderts[99] und der Entwicklung der insgesamt vier Chorballaden mit Solisten und Orchesterbegleitung im Œuvre Schumanns klar heraus. In seiner Besprechung einer szenischen Aufführung der weltlichen Chorkantate *Die erste*

---

94 Vgl. Anm. 91.
95 Brendel, *Geschichte der Musik* [4. Aufl., 1867], S. 534.
96 Goethe, „Ballade, Betrachtung und Auslegung", S. 505; siehe S. 13.
97 Zu einer Vollendung des Werkes kam es infolge der Unstimmigkeiten zwischen Pohl und Schumann nicht; die Entwürfe befinden sich im Robert-Schumann-Haus in Zwickau.
98 Brief von Schumann an Pohl vom 25. Juni 1851, siehe Anm. 91. Erler gibt den letzten Satz wie folgt wieder: „Und in diesem Sinne würde ich mich auch bestreben, meine Musik zu halten, also am allerwenigsten künstlich, complicirt, contrapunctisch, sondern einfach, eindringlich, durch Rhythmus und Melodie vorzugsweise wirkend." In: Schumann, *Robert Schumann's Leben*, Bd. 2, S. 151.
99 Vgl. dazu Michael Jarczyk, *Die Chorballade im 19. Jahrhundert. Studien zu ihrer Form, Entstehung und Verbreitung* (= Berliner Musikwissenschaftliche Arbeiten 16), München 1978, S. 23–33.

Walpurgisnacht op. 60 von Mendelssohn werden außerdem die kompositorischen Absichten Schumanns für chorsinfonische Balladenvertonungen, die sich zunächst noch hinter der vagen Formulierung einer „guten Wirkung" verbargen, implizit greifbar.

> „Eine Reaction [auf fragmentarische Opernaufführungen im Concertsaal] konnte natürlich nicht ausbleiben. Der Concertsaal beginnt, sich zu revanchiren und schickt zur Abwechselung seine Cantaten auf die Bühne. M e n d e l s s o h n's ,Walpurgisnacht' hat den Anfang gemacht, – wer steht uns aber dafür, daß nicht auch Andere an die Reihe kommen? Daß nicht S c h u m a n n's ,Paradies und Peri', ,Page und Königstochter', ,Sängers Fluch' oder ,Faustmusik' gelegentlich nachfolgen, und daß wir, auf diese Weise gemessen rückwärts schreitend, eines Tages auch die H ä n d e l'schen Oratorien auf der Bühne zu hören bekommen?"[100]

Mit der angedeuteten Befürchtung bezüglich einer szenischen Aufführung der genannten Chorwerke Schumanns werden jene Momente der Kompositionen in den Vordergrund gerückt, die sich dieser aufführungspraktischen Möglichkeit zunächst nicht widersetzen würden und die Schumann von vornherein in die kompositorische Anlage einfließen ließ. Indem Pohl Werke Schumanns mit eindeutig oratorischem Charakter wie *Das Paradies und die Peri* op. 50 und die *Szenen aus Goethes Faust* WoO 3[101] im selben Atemzug mit den zwei Chorballaden *Vom Pagen und der Königstocher* op. 140 und *Des Sängers Fluch* op. 139 nannte, gab er unmissverständlich zu verstehen, dass er diese Werke – immerhin entstanden sie über einen Zeitraum von fast zehn Jahren – in ein und derselben kompositorischen Traditionslinie ansiedelte, die sich den gleichen ästhetischen Grundgedanken und musikalischen Bestrebungen verschreibt: dem fortwährenden Bemühen um eine formale Verschmelzung von gattungsspezifischen Elementen der Oper und des Oratoriums. Schumann selbst legte seine dahingehenden Absichten während der Kompositionsarbeiten an seinem ersten chorsinfonischen Werk und nach Vollendung dieser Komposition, dem von Pohl genannten op. 50, in zwei Briefen aus dem Jahr 1843 offen:

> „Im Augenblicke bin ich in einer großen Arbeit, der größten, die ich bis jetzt unternommen – es ist keine Oper – ich glaube beinahe ein neues Genre für den Concertsaal [...]."[102]

---

100   Richard Pohl, „Goethe – Mendelssohn's ,Erste Walpurgisnacht' auf der Bühne", in: *NZfM*, Bd. 56 (1862), Nr. 20 (Mai), S. 165 (Hervorhebung original).

101   Jarczyk, *Die Chorballade im 19. Jahrhundert*, S. 34.

102   Brief von Robert Schumann an Carl Koßmaly vom 5. Mai 1843, in: hrsg. von Friedrich Gustav Jansen, *Robert Schumann's Briefe. Neue Folge*, Leipzig 1886, S. 189.

„Und so lassen Sie Sich auch sagen, daß ich viele 100 000 Noten geschrieben in letzter Zeit und daß ich grade an Himmelfahrt mit einem großen Opus fertig geworden, dem größten, das ich bis jetzt unternommen. Der Stoff ist das P a r a d i e s u n d d i e P e r i von Th. Moore – ein Oratorium, aber nicht für den Betsaal – sondern für heitre Menschen – und eine Stimme flüsterte mir manchmal zu, als ich schrieb ‚dies ist nicht ganz umsonst, was du thust.‘"[103]

Das Paradies und die Peri sei „keine Oper", da es seine aufführungspraktische Bestimmung im Konzertsaal finde. Es enthalte oratorische Züge, sei aber auch nicht für eine Darbietung in der Kirche konzipiert. Schumanns op. 50 stellt in seiner gesamten Anlage also eine Komposition jener „Mittelgattung" zwischen Oratorium und Oper dar, die er selbst als musikalisch-ästhetische Idee bereits in Carl Loewes Oratorium *Johann Huß* im Ansatz verwirklicht sah und positiv hervorhob.

„[...] es ist, schon vom Dichter, nicht für die Kirche gedacht, und hält sich, für den Concertsaal passend, oder auch bei musikfestlicher Gelegenheit wohl anzubringen, zwischen Oper und Oratorium. Wir haben noch kein gutes Wort für diese Mittelgattung; bei g e i s t l i c h e r O p e r denkt man an etwas anderes, und d r a m a t i s c h e s O r a t o r i u m trifft den Sinn auch nicht."[104]

Wie von Schumann also von einem Chorwerk oratorischen Zuschnitts vorgesehen – und im zweiten Drittel des 19. Jahrhunderts allgemein erwartet wurde –, liegt nach Pohls Dafürhalten auch in den Chorballaden eine musikalisch-formale Behandlung eines literarischen Sujets unter dem Gesichtspunkt der Dramatisierung vor. Pohl, der 1851 Schumanns eingangs zitierter Anfrage zur Textgestaltung der chorsinfonischen Ballade *Des Sängers Fluch* op. 139 nachkam – und über die folgende Korrespondenz mit den kompositorischen Absichten Schumanns vertraut war –, sah in den Chorballaden aufgrund ihrer formalen Anlage die gleichen Voraussetzungen hinsichtlich einer szenischen Aufführung erfüllt wie in den oratorischen Werken.

Auch Franz Liszt erkannte diese Entwicklung in den großen Vokalwerken Schumanns und stellte einen Zusammenhang zwischen den stilistischen und inhaltlichen Einflüssen der Oper auf das Oratorium her. Daneben wollte Liszt aber auch die dargelegten soziokulturellen Bemühungen zur Repertoirebereicherung der Chormusik als übergeordnete Ursache für Schumanns kompositorische

---

103   Brief von Robert Schumann an Eduard Krüger vom 3. Juni 1843, in: ebenda, S. 192 (Hervorhebung original).

104   Robert Schumann, „Neue Oratorien. Johann Huß, Oratorium von Dr. A. Zeune, componirt von Dr. C. Löwe. Op. 82.", in: *NZfM*, Bd. 17 (1842), Nr. 29 (Oktober), S. 119 (Hervorhebung original).

Auseinandersetzung mit dem großen Vokalensemble in Verbindung mit dem Orchester verstanden wissen.

> „In seinen großen Werken für Vocalmassen bemühte er sich einem doppelten Bedürfniß seiner Zeit zu entsprechen. Erstlich trug er Sorge das Repertoire der Concerte zu vergrößern, die im Verhältniß zu ihrer wichtigen Stellung unter den musikalischen Aufführungen und der Concurrenz welche sie mit wachsendem Erfolg dem Theater machen noch spärlich bestellt waren; sodann suchte er der Steifheit biblischer Stoffe zu entgehen deren einst so passenden Zuschnitt Mendelssohn wohl zu modernisiren wußte, während dennoch das Ueberlebte und Veraltete in ihnen immer fühlbar wurde; er entging glücklich der pedantischen Bedeutungslosigkeit welche historische und Gelegenheitscantaten nothwendig charakterisirt. Zu diesem Zweck erweiterte er den Kreis von Süjets zu welchen die Musik mit Chören und Orchester eine längere Dauer ausfüllt: verpflanzte Kirchen- und Theaterwerke in den Concertsaal, indem er ein poetisches Terrain ausfindig machte das nicht weniger erhaben und rein als das Oratorium, doch nicht so ausschließlich religiös ist, Interesse und Abwechslung der Oper bietet ohne deren hauptsächlich dramatische Seite zu erfordern, während die Lyrik und das speciell musikalische Element größeren Spielraum gewinnen."[105]

Die Komposition der vier Chorballaden Anfang der fünfziger Jahre stellt folglich eine konsequente Weiterführung der musikalisch-ästhetischen Idee einer kompositorischen Überwindung der Gattungsgrenze zwischen Oper und Oratorium dar. Eine Idee, die sich bereits zehn Jahre zuvor im ersten musikdramatischen Werk *Das Paradies und die Peri* (1843) ankündigte und über die Oper *Genoveva* op. 81 (1847/48), das dramatische Gedicht *Manfred* op. 115 (1848/49) und den *Szenen aus Goethes Faust* (mit Unterbrechungen 1844–1853)[106] schließlich auch für die formale Gestaltung einer Balladenvertonung zum übergeordneten Kompositionskonzept erhoben wurde.

2.2.1 Eine „dramatische Wirkung" als musikästhetisches Konzept der Balladenvertonung

Wie auch Liszt im oben zitierten Auszug seines Aufsatzes „Robert Schumann"[107] andeutete, konnte Schumann seine Vorstellung einer formal musikdramatisch konzipierten Anlage für die Chorballade nicht mit jeder Dichtung der poetischen

---

105 Liszt, „Robert Schumann", Nr. 18 (April), S. 189f.
106 Für diese Komposition plante Schumann 1844 noch „den ganzen Stoff als O r a t o r i u m zu behandeln". Die Betitelung des Werkes als „Szenen" zeigt jedoch, dass er für die musikalische Umsetzung der Dichtung nicht an ein klassisches Oratorium gedacht hatte. In: Brief von Robert Schumann an Eduard Krüger vom 1. Oktober 1844; zit. nach Jansen, *Robert Schumann's Briefe. Neue Folge*, S. 211 (Hervorhebung original).
107 Liszt, „Robert Schumann", Nr. 18 (April), S. 190.

Gattung als Textvorlage umsetzten: Nicht jede, lediglich „manche Ballade"[108], wie Schumann Pohl wissen ließ, eigne sich für sein kompositorisches Vorhaben und seine musikalischen Bestrebungen. Die Wahl eines zweckdienlichen Textes rückt damit erneut als Dreh- und Angelpunkt des Untersuchungsgegenstandes in den Fokus.

Freilich dürften Textwahl und -behandlung der *Romanzen und Balladen für gemischten Chor* für die Konzeption chorsinfonischer Werke „mit guter Wirkung"[109] nicht Modell gestanden haben:[110] Vielmehr richtete sich die Wahl einer Dichtung – gemäß der Idee einer Verknüpfung von oratorischen und opernhaften Elementen – nach dem generellen dramatischen Gehalt des Werkes. Die textliche Bearbeitung gestaltete sich dementsprechend auch nach Kriterien einer dramatischen Disposition der Komposition.

Nachdem Pohl die Umarbeitung der Uhland'schen Ballade *Des Sängers Fluch* zu Ende gebracht hatte und auch Schumanns Skizzierungsarbeiten an op. 139 abgeschlossen waren, bestätigte der Komponist selbst eben diese Ambitionen einer musikalischen Behandlung der Dichtung nach Prinzipien einer musikdramatischen Rezeptionsästhetik: Die Absicht einer „guten Wirkung"[111] konkretisierte sich im Kompositionsergebnis zu einer „großen dramatischen Wirkung".

> „Das Stück ist in der Skizze fertig, die Instrumentirung freilich noch eine bedeutende Arbeit, aber doch vielleicht in nicht zu langer Frist zu bewältigen. Ich habe im großen Feuer gearbeitet und scheint mit das Ganze von großer dramatischer Wirkung."[112]

---

108 In: Brief von Schumann an Pohl vom 25. Juni 1851; siehe S. 33.

109 Ebenda.

110 Hinsichtlich der kompositorischen Konzeption dieser Werke ist eine Aussage über die „Behandlung des Chores" in einem Fragment zur Chorkomposition um 1848 aufschlussreich: „Die Chöre sind möglichst leicht zu halten. Unisono der Tenöre und Bässe, m. Oktavdopplung in Alt und Sopran wirkt am kräftigsten. Das Rein-Vierstimmige mit obligater Stimmdehnung paßt nur an seinen Ort. Kraft und Mark muß der Chor an allem zeigen. Hohe Stimmlagen sind zu vermeiden." in: Boetticher, *Robert Schumann in seinen Schriften und Briefen*, S. 432. Gemäß dieser Auflagen weisen diese Chorstücke zumeist eine liedhafte Periodik und eine syllabisch-homorhythmische Chorführung auf. Eine Textvorlage mit geringem dramatischen Gehalt und wenigen Protagonisten scheint für diese musikalische Ausgestaltung obligat.

111 In: Brief von Schumann an Pohl vom 25. Juni 1851; siehe S. 33.

112 Brief von Robert Schumann an Richard Pohl vom 10. Januar 1852, in: Schumann, *Schumann Briefedition*, Serie II, Bd. 5, S. 391. Auch Pohl zitiert diesen Brief in seinen „Erinnerungen an Robert Schumann nebst ungedruckten Briefen, in: *Deutsche Revue*, Jg. 2 (1878), Bd. 4 (Juli–September), S. 308.

So erweisen sich alle Textvorlagen der vier Chorballaden *Der Königssohn* op. 116 (1851), *Des Sängers Fluch* op. 139 (1852), *Vom Pagen und der Königstochter* op. 140 (1852) und *Das Glück von Eldenhall* op. 143 (1853) bereits in ihrer vom Dichter konzipierten Form nicht nur als textlich umfangreicher als noch die Vorlagen der Liedballaden von 1840 – das letztgenannte literarische Werk *Das Glück von Eldenhall*, wie auch *Der Königssohn* ebenfalls von Ludwig Uhland verfasst, stellt mit elf Strophen zu je fünf Versen die kürzeste Ballade dar –, sondern auch als auffällig aktionsträchtige Dichtungen. Für eine Vertonung unter Einlösung der liedästhetischen Konstante des Liederjahres, der musikalischen Erfassung des „Ausdruck[s] des Ganzen" unter Berücksichtigung der „feineren Züge des Gedichts"[113], scheinen diese Werke daher von vorn herein wenig geeignet.

2.2.2 Die Chorballaden der 1850er Jahre

Die 1814 publizierte Ballade *Des Sängers Fluch* als dichterische Vorlage von Schumanns gleichnamigen op. 139 zeigt den für eine Ballade typischen und von Goethe beschriebenen Aufbau. Stimmungshafte und erzählende Partien folgen solchen wörtlicher Rede in mitunter dialogisierter Darstellung und umgekehrt. Nachdem die ersten drei Strophen den Hörer erzählend in die Szenerie einführen, treten die Protagonisten in der vierten Strophe handelnd und sprechend auf. Dennoch entsteht keine unmittelbar dramatische Szene: Indem aus einer Erzählhaltung die eigentlichen Geschehnisse und Handlungen geschildert werden, bleibt das epische Moment einer dramatischen Textgestaltung überlegen. Diese epische Darstellungsweise sperrt sich gegen eine musikalische Behandlung der Ballade als musikdramatisches Konzertstück im Sinne Schumanns, sodass – mit Ausnahme der einleitenden Strophen und der Schlussbetrachtung – Textpartien dieser Darstellungsebene als jene „Stellen" zu begreifen sind, die durch eine Umarbeitung des poetischen Werkes von Richard Pohl „in die musikalische Form"[114] gegossen werden sollten. Das dramatische Geschehen, das sich in den Strophen vier bis neun der Dichtung nur indirekt – also über den Erzähler vermittelt – entwickelt, wurde von Pohl und Schumann zu einer direkten Handlung umgestaltet, die in direkter Rede zur Darstellung gelangt. Das epische Element des poetischen Werkes wird also zu Gunsten einer dramatischen und lyrischen Gestaltung zurückgedrängt. So weicht auch der inhaltliche Bericht der von den beiden Sängern dargebotenen Lieder der siebten Strophe einem direkten Vortrag von Gesängen

---

113 Schumann, „Lieder und Gesänge", S. 120; siehe Anm. 74.
114 In: Brief von Schumann an Pohl vom 25. Juni 1851; siehe S. 33.

durch die Protagonisten. Um dem „Metrum" und der „Sprachweise"[115] des Dichters gerecht zu werden, verwendete Pohl hier mehrere lyrische Gedichte Uhlands. Wiederum unterlagen Textwahl und -bearbeitung dabei inhaltlichen und musikalischen Prämissen, sodass auch an diesen poetischen Vorlagen verschiedenste Veränderungen zu verzeichnen sind. Mitunter wurden gar geschlossene Dichtungen miteinander kombiniert und zu neuen Liedtexten umgestaltet: Für das *Provençalische Lied* Nr. 4 verknüpfte Pohl beispielsweise die letzte Strophe des einleitenden Gedichts aus dem Gedichtzyklus *Sängerliebe* mit den Strophen eins bis vier des ersten Gedichts *Rudello* aus dem gleichen Zyklus.[116]

Ein Brief vom 18. Oktober 1851 dokumentiert die kritische Beharrlichkeit, mit der Schumann die ihm vorschwebende endgültige Gestaltung und Form der umgearbeiteten Textvorlage verfolgte und von seinem Textbearbeiter einforderte. Das Schreiben Pohls – es mutet beinahe resignierend an – gibt außerdem unmissverständlich zu verstehen, dass eine Textbearbeitung der literarischen Vorlage nach Schumanns Vorstellungen, auch unabhängig von ihrer musikalischen Ausgestaltung im Einzelnen, unweigerlich eine Komposition nach sich ziehen würde, die in ihrer formalen Disposition beinahe der eines Werkes musikdramatischen Zuschnitts – namentlich einer „Oper" – gleichkommt.

> „[…] So naht sich Ihnen denn zum dritten Male des Sängers Fluch – und hofft diesmal mehr auf Ihren Beifall, als die beiden ersten Male […]. Der Hauptsache nach bin ich aber ,genau nach Vorschrift' verfahren u. glaube wenigstens nichts Wesentliches übersehen zu haben. Da überdies die Auswahl der Gesänge mit Ihnen vereint vorgenommen ward, so glaube ich, im Großen u. Ganzen Sie diesmal zufrieden gestellt zu haben. Durch die von Ihnen verlangten Zwischenreden u. Chöre hat allerdings das Ganze an Dramatischem Leben gewonnen u. ist beinahe zur Oper geworden – es hat auch zugenommen an Ausdehnung. Ob diese in dem Maße Ihnen willkommen sein wird – muß ich ruhig erwarten."[117]

---

115   Ebenda.
116   Eine detaillierte Übersicht der Eingriffe und der dramatisierenden Umgestaltungen liefert Michael Jarczyk. Vgl. Jarczyk, *Die Chorballade im 19. Jahrhundert*, S. 46–58.
117   Brief von Richard Pohl an Robert Schumann vom 18. Oktober 1851, in: Schumann, *Schumann Briefedition*, Serie II, Bd. 5, S. 382. Auch als „Unveröffentlichter Brief" erstmals publiziert in: Robert Schumann, *Abschrift aus der Correspondenz*, Robert-Schumann-Gesellschaft Düsseldorf, Bd. 26,1, Nr. 4299; zit. nach Heike Jacobsen, *Robert Schumanns Chorballaden nach Texten Ludwig Uhland* (Diss. Ruprecht-Karls-Universität Heidelberg), Heidelberg 2001, S. 69.

Indem Pohl im selben Schreiben für die finale Bearbeitung zu Kürzungen und Streichungen riet – vorgenommen durch Schumann persönlich –, gab er offenkundig seine Bedenken bezüglich der Kompositionsausmaße und der von Schumann nachdrücklich vorangetriebenen Dramatisierung zu erkennen. Eine ablehnenden Haltung gegenüber der bewusst angestrebten formalen Anlage der Komposition als ein auf eine „dramatische Wirkung"[118] abzielendes Werk findet außerdem im ausdrücklichen Hinweis auf seine „höchst beschränkte Zeit" ihren Nachhall:

> „Zugleich aber bitte ich Sie – hoffend, daß Sie mich nicht mißverstehen werden, und unbeschadet meines Eifers, Ihnen auch ferner zu dienen – daß Sie die kleinen Aenderungen die Sie noch vornehmen wollen – u. welche hauptsächlich wohl im Streichen u. Kürzen [...] bestehen dürfte [sic!] – diesmal selbst vorzunehmen. Es ist mir unmöglich, wegen meiner höchst beschränkten Zeit, das Gedicht nochmals umzuarbeiten – da bis jetzt diese dreifache Bearbeitung mir [sic!] circa ½ Monat gekostet hat – ungefähr soviel, als Sie zu der ganzen Composition brauchen dürften."[119]

Die massiven Eingriffe in das poetische Werk stellten für Pohl nicht nur aus musikalischer Sicht ein Problem dar: Auch seinem kunstästhetischen Verständnis – und dies fand bereits Erwähnung[120] – widerstrebte das Modifizieren einer in sich bereits geschlossenen Dichtung. So riet er Schumann, der sich auf der Suche nach neuen Balladen zur Vertonung als chorsinfonische Werke erneut an ihn wandte, auch zu Emanuel Geibels *Balladen vom Pagen und der Königstochter*, da diese seiner Ansicht nach keiner Bearbeitung bedürften.[121] Doch auch hier sind in dem von Schumann vertonten Text zahlreiche Abweichungen vergleichbaren Typs, also dramatisierende Eingriffe, von der ursprünglichen Fassung zu verzeichnen.[122]

---

118 In: Brief von Schumann an Pohl vom Brief vom 10. Januar 1852; siehe S. 39.

119 Brief von Richard Pohl an Schumann vom 18. Oktober 1851, in: Schumann, *Schumann Briefedition*, Serie II, Bd. 5, S. 382. In der Übertragung von Heike Jacobsen wird der oben genannte Bearbeitungszeitraum Pohls von ½ Monat mit „fi [= vier] Monate" angegeben, in: Schumann, *Abschrift aus der Correspondenz*; zit. nach Jacobsen, *Robert Schumanns Chorballaden*, S. 69.

120 Siehe S. 15f.

121 Pohl berichtete: „Er suche in Uhland nach weiteren Texten. Ich empfahl im Geibels ‚Page und Königskind', theils wegen des phantastischen Stoffes, theils weil dieser Balladen-Cyklus den Vortheil hätte, keine weitere Textbearbeitung zu bedürfen. Man könne ihn so componiren, wie er von Geibel gedichtet sei.", in: Pohl, „Erinnerungen an Robert Schumann", S. 180.

122 Michael Jarczyk liefert auch zu dieser Ballade eine detaillierte Übersicht aller textlichen Veränderungen, siehe Jarczyk, *Die Chorballade im 19. Jahrhundert*, S. 85–91.

Schumanns Rigorosität bei der Umgestaltung seiner poetischen Textvorlagen, die wie 1840 ihre Ursache und Rechtfertigung im schöpferischen Zugang des Komponisten findet, stieß nicht nur bei Pohl auf wenig Verständnis. Hugo Wolf etikettierte op. 139 in der eröffnenden Zeile einer Kritik aus dem Jahr 1884 mit den Worten: „ausgerenkt von Richard P o h l und komponiert von Robert S c h u m a n n"[123], und August Wilhelm Ambros konstatierte, die Uhland'sche Ballade hätte sich durch Schumann beziehungsweise Pohl eine „wahrhaft vandalische Appretirung gefallen lassen"[124] müssen. Später betitelte Leopold Hirschberg die Einrichtung von Uhlands *Das Glück von Eldenhall* durch Richard Hasenclever für die Chorballade op. 143 als das „Verbrechen der jämmerlichen Zerarbeitung von Uhlands köstlicher Dichtung"[125], wohingegen Hanslick befand, dass gerade in diesem Werk die Dichtung mit „großer Discretion dramatisirt worden" sei.[126]

Den im Vergleich mit den drei übrigen Chorballaden freisten Umgang mit dem literarischen Werk in *Des Sängers Fluch* verurteilte Hanslick – wie später auch Hirschberg[127] – hingegen aufs Schärfste; und auch für die Musik sah er in der dramatisierenden Umgestaltung keinen Gewinn. Vielmehr nahm er die musikalische Ausformung des Textes als eine Instanz wahr, die sich von vornherein um den Ausgleich der textlichen Defizite bemühen muss.

---

123 Hugo Wolf, *Hugo Wolfs musikalische Kritiken*, hrsg. im Auftrag des Wiener Akademischen Wagner-Vereins von Richard Batka und Heinrich Werner, Leipzig 1911, S. 49 (Hervorhebung original).

124 August Wilhelm Ambros, *Bunte Blätter. Skizzen und Studien für Freunde der Musik und der bildenden Kunst*. Neue Folge, Leipzig 1874, S. 160 [Kapitel 9, Halbopern und Halboratorien].

125 Leopold Hirschberger, *Robert Schumanns Tondichtungen balladischen Charakters* (= Musikalisches Magazin 51), Langensalza 1913, S. 38.

126 Hanslick, *Aus dem Concertsaal*, S. 313.

127 Hirschberg urteilte gar: „Dieses Schmerzkind Schumannscher Balladenkomposition ist unter großen Mühen […] geboren worden, trug aber den Keim der Lebensunfähigkeit in sich. Nicht allein, daß die bereits im ‚Königssohn' eingeschlagene falsche Bahn weiter verfolgt wurde, – der Gipfel der Geschmacklosigkeit wurde erstiegen, indem das klassische Balladenwerk Uhlands durch törichte Einschachtelung zweier anderer Balladen und ‚dramatische' Ausgestaltung der erzählenden Partien total zernichtet wurde, so daß ein Wechselbalg unerhörtester Art zutage trat." In: Hirschberg, *Robert Schumanns Tondichtungen*, S. 36. Weiterhin zu Schumanns Vertonungen von Dichtungen Uhlands: Burkhard Sauerwald, *Ludwig Uhland und seine Komponisten: zum Verhältnis von Musik und Politik in Werken von Conradin Kreutzer, Friedrich Silcher, Carl Loewe und Robert Schumann* (= Dortmunder Schriften zur Musikpädagogik und Musikwissenschaft 1), Berlin und Münster 2015.

„Herr Richard P o h l hat die Uhlandsche Ballade hergenommen und daran beliebig zu-, ab- und umgedichtet, bis sie ihm concertfähig erschien. Die wohlfeile Praxis unserer musikalischen Quodlibet- und Potpourri-Fabrikanten ist hier literarisch auf Uhlands Gedichte angewendet. Leider kann man nicht sagen, daß diese Versündigung an Deutschlands Lieblingsdichter durch die Schönheit der Musik ausgewogen oder getilgt würde."[128]

Hanslicks Kritik richtet sich also auch gegen die musikalische Gestaltung im Einzelnen. Hier stellen mit auffälliger Beharrlichkeit die formale Konzeption und die von Schumann anvisierte Übertragung von opernhaften Stilmitteln auf eine Gattung konzertanter Chormusik die maßgeblichen Anklagepunkte dar – die Chorballaden werden, wie zuvor bereits das Melodram, als „Zwitternatur" ins ästhetische Abseits gedrängt.[129]

„Der Drang nach dramatischer Gestaltung, welcher Schumann nicht ruhen ließ und doch in der Oper weder Befriedigung noch Erfolg fand, suchte sich einen Ausweg in solcher Dramatisirung von Balladen und poetischen Erzählungen. Die Zwitternatur dieses zwischen dramatischer und epischer Form schwankenden Genres machte natürlich eine eigene Appretur des Gedichtes nothwendig."[130]

Mit dem Vorwurf des Schwankens zwischen einer „dramatische[n] und epische[n] Form" wird dem Werk – und ähnlich hatte Brendel 1855 die formale Disposition melodramatischer Kompositionen bemängelt[131] – eine zusammenhanglose Faktur attestiert. Durch die konsequente Orientierung an der Darstellungsweise der umgearbeiteten Dichtung repräsentiere die musikalische Ausformung von *Des Sängers Fluch* auf formaler Ebene lediglich eine Dopplung des Textes.[132] Das „Grundübel", wie es bei Hanslick in einer Kritik zum *Königssohn* op. 116

---

128 Eduard Hanslick, *Concerte, Componisten und Virtuosen der letzten fünfzehn Jahre. 1870–1885*, Berlin ²1886, S. 73 (Hervorhebung original).

129 Vgl. auch Anm. 127.

130 Hanslick, *Concerte, Componisten und Virtuosen*, S. 73.

131 Brendel, *Geschichte der Musik* [2. Aufl., 1855], Bd. 2, S. 186; Siehe S. 9f.

132 Ähnlich lautet in der *NZfM* die kritische Stellungnahme einer Aufführung zum 35. Niederrheinischen Musikfest in Aachen 1857: „Der Hauptvorwurf, der diesem Werke [op. 139] gemacht werden muß, ist der einer Vermischung des dramatischen und des Balladenstyls. Will man von der ‚Stimmung' gebenden Kraft der Musik Gebrauch machen, so muß man die dramatischen Effecte, bei denen die Musik immer nur in zweiter Reihe steht, beiseite lassen; jedenfalls aber muß man ganz entschieden das lyrisch Musikalische oder musikalisch Dramatische ergreifen, und nicht, wie es hier oft geschehen, die beiden Elemente durcheinander mischen.", in: Albert Hahn, „Die 35. Zusammenkunft des niederrheinischen Musikvereins zu Aachen unter Leitung Franz Liszt's. III.", in: *NZfM*, Bd. 47 (1857), Nr. 2 (Juli), S. 18.

heißt, der gesamten Konzeption der Chorballaden als dramatisches Genre für den Konzertsaal liege in der „fortwährenden Vermengung des Epischen und Dramatischen"[133].

Wie beispielsweise im *Universal-Lexicon der Tonkunst* und in der zweiten Ausgabe der *Geschichte der Musik* Brendels die freie Deklamation des Melodramatischen kritisiert wurde – galt doch der Gesang als Ideal für die „innige Verschmelzung" von Text und Musik[134] – nahm Hanslick aber auch Anstoß an der melodischen Behandlung der Singstimme. Eine „eigenthümliche Mattigkeit und Mühsal" würde die Musik zu *Des Sängers Fluch* charakterisieren, die sich nur selten zu „packendem Rhythmus und kräftiger, herzenswarmer Melodie" erhebe.[135] In einer Besprechung der Chorballade op. 116 äußert sich Hanslicks Kritik an der Melodieführung Schumanns in ihrer Negativität noch drastischer. Hier werden auch die chorischen Partien rückhaltlos eingeschlossen:

> „In spröder declamatorischer Abhängigkeit folgt die Musik den Worten des Gedichts durch lange Strecken, ohne zu einer ausgeführten Melodie, einer geschlossenen musikalischen Form sich zusammenzufassen. Derlei rhetorische Halbmusik ist natürlich im ganzen Chor weit befremdender und unzulässiger, denn als Recitation Einer Stimme, wie bei R. W a g n e r."[136]

Bei Hanslicks Bewertung von op. 140, *Vom Pagen und der Königstochter*, rückt die Textvertonung in den Solopartien wieder in den Mittelpunkt. Diese seien „ohne inneres Leben, krank, schattenhaft" und würden in einer Beziehungslosigkeit zum instrumentalen Unterbau stehen, „daß man zuweilen glauben könnte, Schumann habe die Textworte unter irgendeine begleitende Instrumentalstimme geschrieben"[137]. Und schließlich erstreckt sich Hanslicks Kritik über alle vier Chorballaden, indem er *Das Glück von Edenhall* op. 143 – und aus der Argumentation ließe sich diese Deduktion nun auf alle Chorwerke der fünfziger Jahre ausweiten – als Ergebnis der nachlassenden Schöpferkraft Schumanns aburteilte:

> „Die Composition vermochte uns nicht zu erwärmen; in ihrem eigenthümlich unlebendigen, theils gequälten, theils nüchtern declamatorischen Charakter trägt sie vollständig die Kennzeichen des Schumann'schen Nachsommers."[138]

---

133 Hanslick, *Aus dem Concertsaal*, S. 211.
134 Brendel, *Geschichte der Musik* [2. Aufl., 1855], Bd. 2, S. 186 und Schilling, Art. „Melodram", S. 650f.; siehe S. 9.
135 Hanslick, *Concerte, Componisten und Virtuosen*, S. 74.
136 Hanslick, *Aus dem Concertsaal*, S. 211 (Hervorhebung original).
137 Ebenda, S. 182f.
138 Ebenda, S. 313.

Mit nahezu den gleichen Worten hatte Hanslick bereits die Monotonie der melodischen Strukturen in der Oper *Genoveva* bemängelt. In dieser Kritik stellt er gar einen direkten Bezug zum weltlichen Oratorium *Der Rose Pilgerfahrt* op. 112, 1851 entstanden[139], und „anderen Schumann'schen Cantaten" her. Der Zusammenhang zwischen Oper und den chorsinfonischen Werken wurde also nicht allein hinsichtlich einer formalen Annäherung, sondern auch in der melodischen Faktur der texttragenden Stimmen erkannt und als fundamental verfehlt denunziert.

> „Treten wir näher an die einzelnen musikalischen Factoren der Genovefa-Musik, so gewahren wir an der Melodie fast durchweg den Mangel an Plastik. Die gesungenen Töne krystallisiren sich nicht zu einer festen, dem Hörer sich einprägenden Gestalt. Man weiß aus ,der Rose Pilgerfahrt' und anderen Schumann'schen Cantaten, wie sehr das ununterbrochene Geriesel eines halb recitativischen, halb melodiösen Arioso den Hörer erschlafft; in der Oper wird diese Wirkung noch fühlbarer als im Concertsaal. Noch auffallender ist die Dürftigkeit der Rhythmen."[140]

Die Beständigkeit der wesentlichen Kritikpunkte – die zusammenhanglose formale Anlage sowie die melodische Monotonie einer „rhetorische[n] Halbmusik"[141], die in den texttragenden Partien zwischen *arioso* und dem überholten Rezitativ vermittelt – stützt jedoch die Annahme, dass Schumann mit der Verwendung dieser kompositorischen Mittel auch eine konsequent verfolgte Absicht zu verwirklichen gedachte. Gerade die Konzentration der Beanstandungen auf diese zentralen Charakteristika wie auch die Gradlinigkeit, mit der sich Schumann dieser gattungsübergreifend in den Chorballaden, der Oper und den übrigen musikdramatischen Kompositionen gleichermaßen bediente, deuten auf die musikästhetische Überzeugung des Komponisten, dass diese Werke in ihrer gesamten Konzeption seinem Ausdruckswillen einer „dramatischen Wirkung"[142] gerecht wurden.

---

139 Schumann komponierte das Oratorium im Frühjahr 1851 zunächst für Solostimmen, kleinen Chor und Klavier. Erst im November desselben Jahres orchestrierte er den Begleitpart. Siehe dazu Gerd Nauhaus, „Der Rose Pilgerfahrt. Märchen nach einer Dichtung von Moritz Horn für Soli, Chor und Orchester op. 112", in: hrsg. von Helmut Loos, *Robert Schumann. Interpretationen seiner Werke*, Laaber 2005, Bd. 2, S. 205.
140 Eduard Hanslick, *Die moderne Oper. Kritiken und Studien*, Berlin ⁴1880, S. 259f.
141 Siehe Anm. 136.
142 In: Brief von Schumann an Pohl vom Brief vom 10. Januar 1852; siehe S. 39.

Die als chorsinfonisches Werk vertonte Ballade zur konzertanten Aufführung untersteht bei Schumann folglich bereits bei Textwahl und -bearbeitung einer Rezeptionsästhetik, die sich einer dramatischen Darstellung der Inhalte der jeweiligen Dichtung verpflichtet. In einer kurzen Besprechung in der *Neuen Zeitschrift für Musik* heißt es dahingehend über *Des Sängers Fluch*:

> „[…] aber er wollte keine Ballade setzen, wie wir deren von Z u m s t e e g u. A. besitzen, er wollte ein Oratorium im höchsten Wortsinne, ein ernstes dramatisches Gedicht, dessen Charaktere nur musikalisch vor die Seele des Hörers treten, erschaffen. Die vorhandene Ballade ward ihm durch R i c h a r d P o h l geistreich eingerichtet, fast ohne daß ein anderes Wort, als ein Uhland'sches hierbei gebraucht wurde. […] Hierdurch erwachsen diese Stellen, welche im Gedichte nur vorübergehend erwähnt werden, zu selbständigen dramatischen Theilen des wohlgegliederten Ganzen."[143]

Abschließend gebührt angesichts der überwiegenden Zahl negativer Stellungnahmen zum musikdramatischen Schaffen Schumanns im Allgemeinen und zu den Chorballaden im Besonderen aber auch solchen Beiträgen der zeitgenössischen Musikkritik Beachtung, die geringstenfalls der soziokulturellen Bedeutung der Kompositionen Rechnung tragen: Mit den Chorwerken kam Schumann dem Repertoirebedürfnis der gerade in der Mitte des 19. Jahrhunderts stark anwachsenden Zahl der Gesangsvereine nach: nicht allein mit Blick auf eine Bereicherung geeigneter Konzertliteratur, sondern auch was die musikalische Konzeption der Werke anbelangt, die eine Ausführbarkeit durch nicht-professionelle Chorverbände berücksichtigt. Die Erstausgabe des zweihändigen Klavierauszugs von *Der Königssohn* op. 116 wurde unter eben jenen funktionalen Aspekten in der *Neuen Zeitschrift für Musik* besprochen.

> „Das Werk sei Gesangsvereinen und Concertdirectionen angelegentlichst empfohlen. Da die Besetzung der Soli auch im Bereich mittlerer Gesangsvereine liegt, und keinen außergewöhnlichen Mittelaufwand erheischt, so wird es ein willkommenes Stück sein."[144]

Und schließlich erkannte auch Hanslick dieses Verdienst Schumanns an – wenn er auch auf eine nochmalige Spitze gegen die Chorballade als „ein etwas zwitterhaftes Genre" nicht verzichtete.

---

143 Diamond [Anton Wilhelm von Zuccalmaglio], „Elberfeld. Erinnerungsfeier an Robert Schumann. ,Des Sängers Fluch' von Schumann", in: *NZfM*, Bd. 46 (1857), Nr. 14 (April), S. 148 (Hervorhebung original).

144 Emanuel Klitzsch, „Musik für Gesangsvereine. Für gemischten Chor mit Orchester. Robert Schumann, Op. 116. Der Königssohn.", in: *NZfM*, Bd. 39 (1853), Nr. 21 (November), S. 224.

„S c h u m a n n, dessen tiefe, grübelnde Innerlichkeit allem so fern stand, was der Büh-
neneffect fordert, hatte mit seiner ‚Genovefa‘ in Leipzig einen mehr als zweifelhaften
Erfolg. Allein er hatte einmal von dem berauschenden Trank gekostet, und das Verlan-
gen nach dramatischer Gestaltung ließ ihn nicht ruhen. Daher die zahlreichen Dramati-
sirungen von Balladen und poetischen Erzählungen, ein etwas zwitterhaftes Genre, das
jedoch großen Farbenreichthum in der Ausführung zuließ, und überdies den Concert-
Repertoires erwünschte Bereicherung zuführte.“[145]

---

145 Hanslick, *Aus dem Concertsaal*, S. 182 (Hervorhebung original).

3. Das Melodramatische als Vertonungsstrategie der Ballade bei Schumann

Im Frühjahr 1845 vermerkte Schumann im *Haushaltsbuch* die Notiz „Idee: Gedichte z. Declamation m. Begleitung des Pfte"[146]. Eine Umsetzung dieses Kompositionsvorhabens erfolgte jedoch vorerst nicht, die Projektidee blieb indessen präsent: Ein Tagebucheintrag – beinahe auf den Tag genau ein Jahr später – wiederholt den kompositorischen Vorsatz.[147] Bereits drei Jahre vor den ersten Arbeiten an der Vertonung des Manfred-Stoffes nach Lord Byron zu seinem *Dramatischen Gedicht in drei Abteilungen* op. 115 – und damit auch vor der ersten Erprobung des melodramatischen Kompositionsmittels einer deklamierten Textvortonung in einem musikdramatischen Orchesterwerk mit Chor und Solopartien – formulierte Schumann also die Absicht zur Komposition eines Konzertmelodrams. Doch es verging noch ein weiteres Jahr, bis er dieser Idee Taten folgen ließ und *Schön Hedwig* op. 106 als erstes Werk für Deklamation mit Klavierbegleitung im Dezember 1849 entstand.[148]

Allein diese Beobachtungen der zeitlichen Distanz zwischen erster Äußerung und Verwirklichung des kompositorischen Projekts sowie Schumanns fortwährende Auseinandersetzung mit literarischen Werken während dieses Zeitraums – hier braucht nur an das vierte Heft der *Romanzen und Balladen* für Singstimme mit Klavierbegleitung und an die musikdramatischen Werke erinnert zu werden –, die Rekapitulation der Idee und schließlich die ersten kompositorischen Erfahrungen mit der Deklamation als Mittel der Textvertonung verdichten sich zu der Hypothese, dass das Experiment einer melodramatischen Gedichtvertonung zu einem kammermusikalischen Werk zunächst in Ermangelung einer geeigneten Textvorlage aufgeschoben wurde. Wie bei den Balladenvertonungen des Liederjahres und den Chorballaden der fünfziger Jahre steht hinter der Komposition der drei Konzertmelodramen ein intentionaler Prozess, der seinen Ausgangspunkt zunächst in einer übergeordneten

---

146   Eintrag vom 31. März 1845; in: Schumann, *Tb III* [*Haushaltsbücher* Teil 1, 1837–1847], S. 384.

147   Schumann notierte am 1. April 1846: „Gedichte für Declamation mit Begleitung des Claviers"; in: Schumann, *Tb II*, S. 400.

148   Am 22. Dezember vermerkt Schumann im *Haushaltsbuch* den Abschluss der Kompositionsarbeiten; in: Schumann, *Tb III* [*Haushaltsbücher* Teil 2, 1847–1856], S. 512.

kompositorischen Idee findet. Und aus dieser konstituieren sich das ästhetische Konzept und die entsprechenden kompositorischen Prinzipien. Erst mit einer geeigneten Textvorlage aber ließ sich das Kompositionsprojekt entsprechend der Maximen dieser musikästhetischen Ausrichtung realisieren. Der eigentliche Entstehungsprozess schließt also die Suche nach einer passenden Dichtung zur melodramatischen Vertonung als wesentliches Stadium bis zur ersten Konzeption des Werkes gewissermaßen ein.

Für die frühesten in Musik gesetzten Balladen wurde bereits das übergeordnete Programm einer Liedvertonung herausgearbeitet, die dementsprechend liedästhetischen Prinzipien unterstand. Mit den Chorballaden als musikdramatische Konzertstücke wendete sich Schumann in der zweiten Periode der Auseinandersetzung mit poetischen Werken dieser Gattung an eine breite Öffentlichkeit, wodurch die ‚Subjektivität‘ im Ausdruck einer Rezeptionsästhetik wich, die nach dramatischer Wirkung strebte. Lässt nun die Formulierung einer „Idee"[149] zur deklamierten Textvertonung eines Gedichts mit Begleitung des Pianoforte das übergeordnete und an ihr gebundene ästhetische Interesse vorerst offen, so soll sich diesem hier genähert werden, indem auf textlicher Ebene Gemeinsamkeiten und Unterschiede der melodramatisch behandelten Dichtungen herausgearbeitet werden und die gewählten balladischen Textvorlagen in einem zweiten Schritt den vertonten Balladen des Liederjahres und den Vorlagen der Chorballaden gegenübergestellt werden. Auch der Vergleich zwischen Textumgang und -bearbeitung zur Ermittlung ästhetisch konvergenter und divergenter Strömungen erweist sich für das Forschungsinteresse als unabdingbar und stellt darüber hinaus die Grundlage für die analytische Betrachtung der Verhältnisse zwischen poetischem Text und Musik dar. Gerade die Untersuchung des Zusammenspiels von textlicher und instrumentaler Ebene in den drei Konzertmelodramen ermöglicht schließlich eine Annäherung an das ästhetische Programm hinter dem Melodramatischen als Vertonungsstrategie der Ballade.

3.1 Die Werkgenese der Konzertmelodramen: Zusammenhänge und Folgen

Obwohl die kompositorischen Arbeiten an den drei Konzertmelodramen Schumanns in einen Zeitraum von fast vier Jahren datieren – von 1849 bis 1853, also in jene Periode, in der auch die Chorballaden entstanden –, stehen die Werke bereits durch ihren entstehungsgeschichtlichen Hintergrund in einer

---

149   Eintrag vom 31. März 1845; in: Schumann, *Tb III* [*Haushaltsbücher* Teil 1, 1837–1847], S. 384; siehe S. 49.

unmittelbaren Beziehung zueinander. Während der Vorarbeiten zum Libretto seiner Oper *Genoveva* op. 81 befasste sich Schumann 1847 auch mit der Bearbeitung des Stoffes durch Friedrich Hebbel. Als er daraufhin beschloss, seinem Werk diese Textfassung zugrunde zu legen,[150] nahm Schumann Kontakt mit dem Dichter auf und bat diesen um Durchsicht seines Textbuches.[151] Hebbel wollte der Anfrage nachkommen und forderte Schumann zu diesem Zweck auf, ihm das Libretto zukommen zu lassen; die Rückgabe würde persönlich im Zuge der geplanten Reise Hebbels nach Leipzig im Juli 1847 erfolgen.[152] Offenbar sah sich Schumann durch die Ankündigung dieses Besuches dazu veranlasst, sich nun auch intensiver mit den Dichtungen Hebbels zu befassen.[153] Nach der Lektüre der 1842 erschienenen *Gedichte von Friedrich Hebbel* am 15. Juli 1847[154] übertrug er am folgenden Tag eine Auswahl von sieben Dichtungen in die *Abschriften verschiedener Gedichte zur Composition.*[155] Fünf dieser Texte verwendete Schumann für mindestens sechs Kompositionen, die mit Ausnahme des nachträglich komponierten ersten Liedes *Sag' an, o lieber Vogel*

---

150   Am 1. April 1847 notierte Schumann im *Haushaltsbuch*: „'Genoveva' v. Hebbel – Ouverturengedanken und Entschluss zu diesem Text."; in: Schumann, *Tb III* [*Haushaltsbüche*r Teil 1, 1837–1847], S. 344.

151   Siehe Brief von Schumann an Hebbel, datiert auf den 14. Mai 1847, in: Schumann, *Neue Folge*, S. 236–237.

152   Siehe Brief von Hebbel an Schumann, datiert auf den 26. Mai 1847, in: Friedrich Hebbel, *Friedrich Hebbels Briefwechsel mit Freuden und berühmten Zeitgenossen*, hrsg. von Felix Bamberg, Berlin 1890, Bd. 1, S. 408–409.

153   Unter den Kompositionen des Liederjahres 1840 findet sich keine vertonte Dichtung Hebbels: Die Nr. 1 der *Lieder und Gesänge I* op. 27, „Sag' an, o lieber Vogel mein", komponierte Schumann 1847 nachträglich, als er die bis dahin noch nicht oder nur vereinzelt publizierten *Lieder und Gesänge* zu zwei Sammlungen zusammenstellte.

154   Schumann bat den Musikalienhändler und Verleger Friedrich Whistling um eine leihweise Überlassung der Gedichtsammlung: Friedrich Hebbel, *Gedichte von Friedrich Hebbel*, Hamburg 1842. Vgl. hrsg. von Kazuko Ozawa und Matthias Wendt, *Robert Schumann. Neue Ausgabe sämtlicher Werke*, Serie VI [*Lieder und Gesänge für Solostimmen*], Bd. 6,2/*Kritischer Bericht*, Mainz 2009, S. 461. Im *Haushaltsbuch* hält er die Lektüre der Dichtungen am 15. Juli 1847 fest; in: Schumann, *Tb III*, S. 432.

155   Schumann exzerpierte die Gedichte *Vinum Sacrum; Schön Hedwig; Wiegenlied; Das Glück; Nachtlied; Sag' an, o lieber Vogel mein*, welches er für das erste Lied der *Lieder und Gesänge I* op. 27 verwendete, und *Das Kind am Brunnen* [Datierung hinter der letzten Abschrift: „d. 16ten Juli 1847"]; in: Robert und Clara Schumann, *Abschriften verschiedener Gedichte zur Composition*, Robert-Schumann-Haus Zwickau, Archiv-Nr.: 4871/VIII, 4–A 3, 2. Abteilung, Nr. 75–81, S. 127–137; zit. nach Ozawa und Wendt, *Kritischer Bericht*, S. 461.

mein der Sammlung *Lieder und Gesäge I* op. 27 im Jahr 1849 entstanden.[156] Die zweite Abschrift dieser Hebbel-Texte, die Ballade *Schön Hedwig*, erfuhr am 22. Dezember des Jahres als letzte dieser Dichtungen eine musikalische Behandlung als melodramatisch konzipiertes Werk, wie nicht allein dem Eintrag im *Haushaltsbuch*,[157] sondern auch dem autographen Titelblatt der Stichvorlage zu entnehmen ist.[158] Sowohl das *Projectbuch*[159] als auch die *Abschriften verschiedener Gedichte*[160] verzeichnen jedoch den Juni 1852 als Kompositionsdatum, obwohl – soweit rekonstruierbar – nicht anzunehmen ist, dass Schumann 1852 umfangreichere Revisionen am Werktext der Stichvorlage beziehungsweise am verschollenen Autograph vorgenommen hat.[161] Doch allem Anschein nach hatte sich Schumann bis zu diesem Jahr nicht wieder mit der Komposition befasst, bis sich schließlich im Mai 1852 die Gelegenheit zur weiteren Verfolgung der Projektidee einer deklamierten Textvertonung von Gedichten mit Klavierbegleitung ergab: Zwar notierte Schumann noch Ende 1850 erneut eine Selbstaufforderung „Lieder u. Balladen m. Declamation." im *Projectbuch*[162] – trotz der abgeschlossenen Komposition *Schön Hedwigs* beabsichtigte Schumann offenbar weiterhin, das Kompositionskonzept zu verfolgen –, doch erst ein Gespräch mit Albert Dietrich am 2. Mai 1852 über Gedichte Hebbels rief ihm sein op. 106 wieder in Erinnerung.[163] Damit war nicht allein der Anreiz zur Vertonung einer

---

156 Vgl. Anm. 153.

157 Am 22. Dezember vermerkt Schumann im *Haushaltsbuch* den Abschluss der Kompositionsarbeiten; in: Schumann, *Tb III* [*Haushaltsbücher* Teil 2, 1847–1856], S. 512; siehe Anm. 148.

158 Vgl. dazu Ozawa und Wendt, *Kritischer Bericht*, S. 464f. Das Arbeitsmanuskript von op. 106, bis 1852 unter der Opuszahl 118 gültig, ist verschollen; die Stichvorlage vermerkt „Weihnachten 1849" als Datierung.

159 Hier vermerkte Schumann die Vertonung von *Schön Hedwig* gemeinsam mit der Chorballade *Vom Pagen und der Königstochter* op. 140; in: Robert Schumann, *Projectbuch*, Robert-Schumann-Haus Zwickau, Archiv-Nr.: 4871/VII C, 8–A 3, S. 64; zit. nach Ozawa und Wendt, *Kritischer Bericht*, S. 465.

160 In: Schumann, *Abschriften verschiedener Gedichte*, S. 131; zit. nach Ozawa und Wendt, *Kritischer Bericht*, S. 465.

161 Ebenda, S. 464.

162 In: Schumann, *Projectbuch*, S. 16 [undatierte Notiz, doch im Umfeld von ab etwa 1851 realisierten Kompositionsvorhaben]; zit. nach Ozawa und Wendt, *Kritischer Bericht*, S. 465.

163 Albert Dietrich berichtete: „[Ich] wanderte dann hinaus zu Schumanns. Schumann saß eben überm Componiren; er meinte, er mache nur wieder theoretische Studien! Wir kamen auf Gedichte zu sprechen, endlich auch auf die von Hebbel. – Da suchte Schumann aus seiner Manuscriptmappe ein Heft hervor; es war Musik zu

Übersetzung der Ballade Shelleys *Die Flüchtlinge* gegeben,[164] auch folgte am 10. Juni die erste dokumentierte Privataufführung *Schön Hedwigs*.[165]

Das *Haushaltsbuch* vermerkt bereits drei Tage später die erste Niederschrift des Werkes, welches später unter der Opuszahl 122 Nr. 2 publiziert wurde: „Gedicht v. Shelley m. Decl."[166] Doch während Schumann Ende 1852 *Schön Hedwig* für druckreif erklärte und mit Verlegern in Kontakt trat,[167] legte er die Vertonung der Shelley-Ballade vorerst beiseite. Zeitgleich gab op. 106 auch den Anstoß zu einer regen Korrespondenz mit dem Hebbel- und Schumann-Verehrer Carl Debrois van Bruyck,[168] dem er am 8. Mai 1853 schließlich ein Widmungsexemplar der Ende April im Druck erschienenen Originalausgabe des Werkes zukommen ließ.[169] Seinem Dankesbrief von Ende Juni legte van Bruyck ein Heft eigener Kompositionen bei und bat Schumann im beiliegenden Schreiben um deren Begutachtung.

Hebbels: Schön Hedwig."; zit. nach Ute Bär, „Albert Hermann Dietrich – Verehrer und Freund Robert Schumanns", in: hrsg. von Bernhard Appel u. a., *Schumanniana Nova. Festschrift Gerd Nauhaus zum 60. Geburtstag*, Sinzig 2002, S. 70.

164 Als Vorlage diente die Sammlung: Percy Bysshe Shelley/Julius Seybt, *Percy Bysshe Shelley's poetische Werke in Einem Bande. Aus dem Englischen übertragen von Julius Seybt*, Leipzig 1844, S. 338–339. Schumann besaß kein eigenes Exemplar und übertrug die Ballade als Nr. 42 in die *Abschriften verschiedener Gedichte*. In: Schumann, *Abschriften verschiedener Gedicht*, S. 95–97. Siehe dazu auch Ozawa und Wendt, *Kritischer Bericht*, S. 538

165 Schumann notierte: „Mit Preußens. – Abends hübsche Gesellschaft/Schön Hedwig. – Früh Messe."; in: Schumann, *Tb III [Haushaltsbücher* Teil 2, 1847–1856], S. 595

166 Eintrag vom 13. Juni 1852; in: ebenda, S. 596.

167 Schumann kontaktierte am 17. Dezember den Verleger Julius Kistner; siehe Schumann, *Robert Schumann's Leben*, Bd. 2, S. 182. Die Drucklegung der Konzertmelodramen wird unten näher thematisiert.

168 Ein Brief vom 8. Dezember 1852 von van Bruyck anlässlich einer Wiener Aufführung von Schumanns Quartett op. 41/1 erwähnt erstmals die Gedichte Hebbels als Textvorlage von Werken Schumanns und eröffnete damit den folgenden Diskurs; in: Robert Schumann, *Korespondencja Schumanna*, Briefhandschriften in der Bibliotheka Jagiellońska Kraków, Bd. 25, Nr. 4588; gedruckt in Renate Federhofer-Königs, „Ein Schumann-Verehrer aus Wien: Carl Debrois van Bruyck (1828–1902)", in: hrsg. von Gerd Nauhaus, *Schumann-Studien 5*, Köln 1996, S. 247–252.

169 Vgl. Ozawa und Wendt, *Kritischer Bericht*, S. 476f. Schumann schickte ein weiteres Exemplar zur Weiterleitung an Friedrich Hebbel mit. Über den Verbleib beider Exemplare ist nichts bekannt [das Widmungsexemplar Hebbels gilt seit einer Auktion 1992 als verschollen].

„[…] Ihre Komposizion [*Schön Hedwig* op. 106] ist ausnehmend schön-glänzend und innig, welchen Karakter auch die Dichtung trägt – von eigentümlicher, aber tiefer und bezaubernder Wirkung. Als solche wurde sie auch allgemein erkannt, namentlich vom Dichter selbst, der über die schöne Gabe sehr erfreut war […]. Ich glaube, daß diese Komposizionsgattung vielfach Nachahmung erweken [sic!] wird, und so viel scheint mir gewiß, daß sich durch sie reizende und ganz spezifische Wirkungen müßen erreichen laßen – wie ja bereits eine vorliegende Probe, freilich die eines Großmeisters, beweist. – […]. Was die *Ballade* betrifft, so hoffe ich, daß Ihnen die Beigabe eines reicheren *accompagnements* nicht als ganz willkürlich erscheinen wird. Namentlich die Oboë kam mir wie ein fast unentbehrliches Hülfsinstrument vor, und nur aus praktischen Rücksichten habe ich sie so behandelt, daß sie im Notfalle auch weggelaßen werden kann. Was das Exemplar anbelangt, das ich Ihnen überreiche, so stand mir nicht mein gewöhnlicher Kopist zu Gebote, und es ist nun nicht so reinlich ausgefallen, als ich gewünscht hätte, was Sie gütigst entschuldigen werden. Auf dem Titelblatte aber hat der gute Mann eine vollständige Dummheit gemacht. *Hebbel* überschreibt die Dichtung ganz einfach ,Ballade‘, jener aber glaubte, irrthümlich veranlaßt, noch einen Beisatz machen zu müßen; auch scheint es sich für ihn nicht von selbst zu verstehen, daß eine Ballade ein Gedicht ist, was ich Sie hiermit, im Geiste zu berichtigen, bitte. Die Ballade selbst halte ich für eine der wunderbarsten, in sich vollendeten Schöpfungen, welche in der Kunst je hervorgebracht worden sind, und doppelt muß ich daher wünschen, daß die musikalische Hülle, welche ich ihr zu geben versuchte, keine ganz mißlungene und farblose sei […].“[170]

Bei der von van Bruyck vertonten und von Hebbel ebenfalls als solche betitelten „Ballade" handelt es sich um die gleiche Dichtung, die Schumann später für sein op. 122 Nr. 1, die *Ballade vom Haideknaben*, verwendete. Offenbar wurde Schumann erst durch die ihm übersandte Komposition auf diesen Stoff aufmerksam, denn die Ausgabe der *Gedichte von Friedrich Hebbel* von 1842, die Schumann im Sommer 1847 als Vorlage für seine exzerpierten Hebbel-Gedichte gedient hatte, enthielt diesen Text nicht. Auch wird mit diesem Brief Schumanns Titelversion, die auf den „Beisatz" der Kopistenfassung zu beruhen scheint, erklärlich. Doch dem Nachsatz eines Briefes an den Musikalienhändler und Verleger Friedrich Whistling vom 1. Dezember 1847 ist zu entnehmen, dass ihm die *Neuen Gedichte* Hebbels,[171] in denen die in Rede stehende „Ballade" – nach einem bereits 1846

---

170   Undatiert überlieferter Brief; in: Schumann, *Korespondencja Schumanna*, Bd. 26,2, Nr. 29; gedruckt in und zit. nach Federhofer-Königs, „Ein Schumann-Verehrer aus Wien", S. 276–279 (Hervorhebung original).

171   Wie eine Rechnung Whistlings an Schumann nahelegt, erwarb dieser wahrscheinlich am 16. Oktober 1847 ein Exemplar der Sammlung: Friedrich Hebbel, *Neue Gedichte von Friedrich Hebbel*, Leipzig 1848. Vgl. dazu Ozawa und Wendt, *Kritischer Bericht*, S. 470f. Aus diesem Band entnahm Schumann außerdem einige Verse des Gedichts

in Wien erschienen Vorabdruck des Gedichts[172] – publiziert wurde, seit spätestens diesem Zeitpunkt hätte bekannt sein müssen: „Auch an Wenzel Grüße ,die neusten Gedichte von <u>Hebbel</u> reichten den älteren nicht das Wasser' sagen Sie ihm das."[173]

Elf Wochen nach Erhalt des Briefes und der Kompositionen van Bruycks sandte Schumann diese mit den erbetenen Anmerkungen und Stellungnahmen am 26. Juli 1853 zurück. Auf die Vertonung der *Ballade vom Haideknaben* ging er dabei näher ein, wobei er zur nachfolgenden Adaption des Stoffes keinerlei Andeutungen machte.

> „[...] Der ,Haideknabe' scheint mir gar zu schaurig, ein Nachtgemälde, das dem Gedicht nach, freilich keinen Wechsel von Schatten und Licht gestattete. Musikalisch gefällt mir hier das öftere Zurückgehen in die Grundtonart (F moll) nicht."[174]

Wie Schumann am 15. September desselben Jahres sowohl im *Haushaltbuch* als auch im *Projectbuch* vermerkte,[175] entstand wenige Wochen nach Durchsicht und Rückgabe der Werke gleichwohl seine eigene Vertonung der Hebbel'schen Ballade. Unmittelbar darauf – am 16. September – nahm er die ein Jahr zuvor beiseitegelegte Vertonung der Shelley- Ballade erneut zur Hand und überarbeitete diese zu ihrer endgültigen Fassung. Das Haushaltsbuch vermerkt unter diesem Datum: „,Die Flüchtlinge' in Ordnung gebracht."[176]

Böser Ort, die er der Nr. 4, *Verrufene Stelle*, seiner Klavierstücke *Waldszenen* op. 82 voranstellte.

172 Erschienen unter dem Titel „Ballade. Von Friedrich Hebbel", in: *Sonntagsblätter* [Wien], Jg. 5 (1846), Nr. 3 (Januar), S. 52. Durch Textabweichungen in dem von Schumann vertonten Text, vor allem in der zweiten Strophe, kann ausgeschlossen werden, dass er diesen Vorabdruck als Vorlage von op. 122 Nr. 1 verwendete. Vgl. dazu auch Ozawa und Wendt, *Kritischer Bericht*, S. 535.

173 Brief von Schumann an Whistling vom 1. Dezember 1847; in: Robert Schumann, *Schumann Briefedition*, hrsg. von Renate Brunner, Serie III [*Verlegerbriefwechsel*], Bd. 2 [*Leipziger Verleger II: F. Whistling*], Köln 2011, S. 250 (Hervorhebung original). Auch gedruckt in: Schumann, *Robert Schumann's Leben*, Bd. 2, S. 38 (Hervorhebung original).

174 Brief von Schumann an van Bruyck vom 26. Juli 1853; gedruckt in und zit. nach Federhofer-Königs, „Ein Schumann-Verehrer aus Wien", S. 280.

175 In: Schumann, *Tb III* [*Haushaltsbücher* Teil 2, 1847–1856], S. 636; und Schumann, *Projectbuch*, S. 67.

176 In: Schumann, *Tb III* [*Haushaltsbücher* Teil 2, 1847–1856], S. 636.

Am 18. November 1853 schickte Schumann schließlich van Bruyck und über diesen auch Hebbel jeweils ein Widmungsexemplar der Originalausgabe von op. 122.[177] Im beiliegenden Brief heißt es:

„Sie erhalten hier etwas beigeschlossen, das Sie als Zeichen meiner Theilnahme an Ihrem Kunststreben in Wort und Ton betrachten mögen. Sie haben gewissermaßen auch Schuld an der Composition des ‚Haideknaben‘, denn ohne die Ihrige wäre sie mir vielleicht als musikalisch behandlungsunfähig entgangen.“[178]

Trotz der zeitlichen Distanz zwischen dem ersten Entwurf der Ballade *Die Flüchtlinge* und der erst im September 1853 komponierten *Ballade vom Haideknaben* beabsichtigte Schumann offensichtlich schon während der Konzeption der letztgenannten Komposition – beziehungsweise im Laufe der Revisionsarbeiten an ersterer – eine Publikation der Stücke als geschlossene Werkgruppe unter dem Titel *Zwei Balladen* und der gemeinsamen Opuszahl 122. Bereits zwei Tage nach Vollendung der Vertonung der Shelley-Ballade, am 18. September also, bot Schumann dem Verleger Barthold Senff beide Konzertmelodramen zum Druck an.[179]

Neben den unmittelbaren Zusammenhängen in der Werkgenese erwächst aus der Wahl des Verlegers eine weitere Verbindung zwischen op. 106 und op. 122, die schließlich auch für die Originalausgabe der *Zwei Balladen* und deren Rezeptionsgeschichte tiefgreifende Konsequenzen nach sich ziehen sollte. Als Schumann im Dezember 1852 zunächst Julius Kistner seine Komposition *Schön Hedwig* zur Veröffentlichung anbot, antwortete Carl Gurckhaus an dessen Stelle in seinem Ablehnungsbescheid mit den Worten:

„In ergebener Erwiederung [sic!] Ihres Geehrten vom 17 ds, […] danke ich Ihnen für Ihre gef. Offerte, und bin ich leider genöthigt, Ihnen dasselbe hiebei zu retourniren, indem ich aufrichtig gesagt mir dafür wenig Verwendung verspreche, zumal es schon für meinen Wirkungskreis nicht passend.“[180]

Schumann unternahm zunächst keine weiteren Versuche zur Publikation von *Schön Hedwig*. Erst der Briefwechsel mit van Bruyck und dessen Berichte über Hebbel scheinen den Komponisten zu weiteren Bemühungen auf der Suche

---

177 Über den Verbleib dieser beiden Widmungsexemplare ist nichts bekannt. Vgl. Ozawa und Wendt, *Kritischer Bericht*, S. 488.

178 Brief von Schumann an van Bruyck vom 18. November 1853; zit. nach Federhofer-Königs, „Ein Schumann-Verehrer aus Wien“, S. 288.

179 Ozawa und Wendt, *Kritischer Bericht*, S. 481.

180 Brief von Carl Gurckhaus an Schumann vom 23. Dezember 1852; in: Schumann, *Korespondencja Schumanna*, Bd. 25, Nr. 4607; zit. nach Ozawa und Wendt, *Kritischer Bericht*, S. 472.

nach einem Verleger angeregt zu haben. Am 7. Januar 1853 schrieb van Bruyck
zunächst:

> „[...] Auch Hebbel war sehr erfreut, daß Sie zu seiner Ballade ‚Schön Hedwig‘ Musik
> geschrieben und ich halte die Art, wie Sie diese Dichtung behandelten, auch für die ein-
> zig richtige."[181]

Nachdem Schumann dem Dichter aber weder das versprochene Widmungsexemplar seiner Vertonung des *Nachtliedes* op. 108[182] noch eines von *Schön Hedwig*
zukommen ließ,[183] erinnerte ihn van Bruyck am 10. März nochmals daran, dass
sowohl er selbst als auch Hebbel „außerordentlich gespannt"[184] auf eine Ausgabe
von op. 106 warteten. Eine Reaktion Schumanns erfolgte umgehend, indem er
Hebbel direkt am 14. März eine Partitur des *Nachtliedes* über van Bruyck zukommen ließ.[185] Noch am gleichen Tag kontaktierte er Barthold Senff bezüglich einer Drucklegung seiner Vertonung von *Schön Hedwig*. Dieser Brief gleicht
dem des Vorjahres an Kistner zunächst in der Beschreibung der Komposition.
In seinem ersten Angebot vom Dezember 1852 beschrieb Schumann op. 106 als
ein Werk, „wie noch nicht existirt und von sehr eigenthümlicher Wirkung, wie
sich das in geselligen Kreisen kundgab"[186]. Der Wortlaut des Schreibens an Senff
ist nahezu identisch: „Es ist besonderer Art, etwas, wie, glaub' ich, noch nicht
existirt. [...] Wir haben die Ballade übrigens oft in geselligen Kreisen mit gutem

---

181 Brief von van Bruyck an Schumann vom 7. Januar 1853; in: Schumann, *Korespondencja Schumanna*, Bd. 25, Nr. 4616; zit. nach ebenda, S. 473.

182 Dieses war bereits am 8. März 1853 mit Friedrich Hebbel als Widmungsträger erschienen; siehe ebenda.

183 Wie einem Brief vom 8. März zu entnehmen ist, schickte Schumann dem Dichter
dieses Exemplar ebenfalls auf Bitten van Bruycks; in: Schumann, *Korespondencja
Schumanna*, Bd. 25, Nr. 4656; gedruckt in Federhofer-Königs, „Ein Schumann-Verehrer aus Wien", S. 262–265.

184 Brief von van Bruyck an Schumann vom 10. März 1853, in: Schumann, *Korespondencja Schumanna*, Bd. 25, Nr. 4659; gedruckt in und zit. nach Federhofer-Königs,
„Ein Schumann-Verehrer aus Wien", S. 266.

185 Brief von Robert Schumann an Carl Debrois van Bruyck vom 14. März; in: Robert-
Schumann-Haus Zwickau, Archiv-Nr.: 13406-A2, gedruckt in ebenda, S. 270.

186 Brief von Schumann an Kistner vom 17. Dezember 1852; in: Robert Schumann, *Schu-
mann Briefedition*, hrsg. von Konrad Sziedat u. a., Serie III [*Verlegerbriefwechsel*], Bd. 4
[*Leipziger Verleger IV: Barth, Baumgärtner, Brockhaus, Constantin, Fischer, Fleischer,
Günther, Hartmann, Herrmann, Hirsch, Keil, Kistner, Klemm, Leo, Löschke, Probst,
Schuberth, Senff, Spehr, Stark, Stoll, Spehr, Wigand, Wunder*], Köln 2010, S. 305.

Effect aufgeführt."[187] Doch verlangte Schumann nunmehr eine niedrigere Ent-
lohnung[188] und fügte diesem Schreiben eine bedeutsame Formulierung bei:

„Es läßt sich auch recht gut ohne Declamation am Clavier als selbstständiges Musikstück spielen. Vielleicht macht es Ihnen Plaisir, es in die Welt [zu] schicken."[189]

Diese Sätze sind im Angebotsbrief an Kistner nicht zu finden und könnten – wie
auch die geringere Vergütung – darauf abgezielt haben, die Offerte für den Verleger attraktiver zu gestalten. Senff erklärte sich in jedem Fall zu einer Drucklegung
und der Herausgabe des Werkes bereit und nahm die Formulierung Schumanns
beinahe wörtlich auf dem Titelblatt der Originalausgabe auf: „Diese Composition kann auch ohne Declamation als selbstständiges Clavierstück aufgeführt
werden."[190] Als Schumann nun die *Zwei Balladen* op. 122 am 18. September desselben Jahres ebenfalls Barthold Senff zum Verlag anbot, übernahm dieser den
Satz auch für die Titelblätter der *Ballade vom Haideknaben* und der Vertonung
von *Die Flüchtlinge*. Ob Schumann für diese melodramatischen Werke jedoch
einen solchen Spielhinweis ausdrücklich wünschte, kann aufgrund des verschollenen Brief-Autographs zur Inverlagnahme nicht nachvollzogen werden.[191] Und
auch der nachfolgenden Korrespondenz zwischen Schumann und Senff bezüglich der Abschriften der Gedichttexte sind keinerlei Hinweise auf eine Ergän-
zung praktischer Spielanweisungen zu entnehmen.[192] Dessen ungeachtet ist aber
davon auszugehen, dass Schumann zumindest keine größeren Einwände gegen
diesen Zusatz erhob: Nach Empfang der Freihandexemplare wies er den Verleger sehr wohl auf die unkorrekt angegebene Autorschaft im Textvorabdruck
der zweiten Dichtung hin – hier wird auch die Ballade *Die Flüchtlinge* Friedrich

---

187 Brief von Robert Schumann an Barthold Senff vom 14. März 1853; in: ebenda, S. 398.
188 Siehe Ozawa und Wendt, *Kritischer Bericht*, S. 475.
189 Brief von Schumann an Senff vom 14. März 1853; siehe Anm. 187.
190 Die folgenden Titelausgaben von op. 106 erschienen ohne diesen Zusatz auf dem
      Titelblatt. Siehe Ozawa und Wendt, *Kritischer Bericht*, S. 521.
191 Das Brief-Autograph Schumanns ist verschollen, doch das Briefverzeichnis Schu-
      manns vermerkt das Schreiben unter dem angegebenen Datum; in: Robert Schu-
      mann, *Robert Schumann. Verzeichnis der empfangenen und abgesandten Briefe*,
      Robert-Schumann-Haus Zwickau, Archiv-Nr.: 4871/VII C, 10–A3, Nr. 2313; zit.
      nach Ozawa und Wendt, *Kritischer Bericht*, S. 481. Die Titelauflage von op. 122 Nr. 1
      vermerkt den Zusatz, wie auch die nachfolgenden Titelauflagen, nicht mehr auf dem
      Titelblatt. Ab der zweiten korrigierten Titelauflage wird auch dem op. 122 Nr. 2 der
      Spielhinweis nicht mehr vorangestellt. Siehe Ozawa und Wendt, *Kritischer Bericht*,
      S. 530–531.
192 Ebenda, S. 482–486.

Hebbel zugeschrieben –, hob überdies den Druck und im Besonderen die Titelblätter aber lobend hervor.[193] Auch übersandte er Hebbel und van Bruyck trotz des Druckfehlers noch am gleichen Tag die gewünschten Widmungsexemplare.[194] Ob Schumann den aufführungspraktischen Vorschlag einer nur pianistischen Darbietung von op. 122 bereits während der Komposition als intendierte Möglichkeit im Bewusstsein hatte, soll daher in der späteren Analyse näher beleuchtet werden.

3.2 Die Textvorlagen der Konzertmelodramen: Unterschiede und kompositorische Auswirkungen

Sowohl die Entscheidungsfreiheit in der praktischen Ausführung der Kompositionen – mit oder ohne deklamiertem Textvortrag –, mit der Schumann gewissermaßen eine Emanzipation der Klaviersätze von der jeweiligen texttragenden Stimme suggerierte, als auch die generelle Gleichbehandlung der Werke erstaunen zunächst dennoch: Die dichterischen Textvorlagen weisen – ungeachtet der verschiedenen Sujets – bereits in ihrer Disposition trotz einiger Gemeinsamkeiten auch wesentliche Unterschiede auf. Die konzeptionelle und strukturelle Disparität dürfte sich auch auf den kompositorischen Umgang und auf die Eingliederung des entsprechenden poetischen Werkes in die Komposition niedergeschlagen haben und sollte damit auch zu verschiedenartigen musikalischen Ausformungen der Klaviersätze führen.

Die Dichtungen *Schön Hedwig* und *Die Flüchtlinge*[195] sind mit zwölf Strophen zu je fünf Versen zwar deutlich kürzer als die *Ballade vom Haideknaben* mit zwanzig vierversigen Strophen, doch damit in ihrem Umfang nach wie vor vergleichbar mit den Textvorlagen der Chor- und Liedballaden.[196] Hebbel dichtete *Schön Hedwig* in alternierenden Versen mit Auftakt, wobei jeweils die ersten und dritten Verse einer Strophe als Tetrameter die dreihebigen Verse zwei, vier und

---

193 Brief von Schumann an Senff vom 18. November 1853; in: Robert-Schumann-Haus Zwickau, Archiv-Nr.: 7609–A2; zit. nach Ozawa und Wendt, *Kritischer Bericht*, S. 487. Senff korrigierte die falsche Autorenangabe „Hebbel" im Textvorabdruck von op. 122 Nr. 2 in den folgenden zwei Titelausgaben zunächst in „Shelly", dann korrekt in „Shelley"; siehe Ozawa und Wendt, *Kritischer Bericht*, S. 531.

194 Siehe S. 56.

195 Die Untersuchung richtet sich hier nach der Übersetzung Julius Seybts. Sofern Sachverhalte des englischsprachigen Originals dargelegt werden, wird dies im Fließtext angegeben.

196 Siehe S. 40.

fünf in ihrer Silbenzahl übersteigen. Das Reimschema der Strophen folgt einem ebenso gleichmäßigen Muster, indem jede in einem Wechselreim mit eingeschobener Waise – jeweils der vierte Vers – gedichtet wurde.[197] Da mit Ausnahme dieser Waise jeder Vers auf einer männlichen Kadenz endet, kann hier von einer erweiterten Chevy-Chase-Strophe gesprochen werden, womit sich Hebbel für dieses Werk einer typischen Strophenform der Balladendichtung bediente.

Shelleys Ballade ist formal in vier Abschnitte untergliedert, die jeweils drei Strophen einer inhaltlich zusammenhängenden Gruppe umfassen. Diese Unterteilung wird auch auf struktureller Ebene bestätigt: Der fünfte und damit letzte Vers jeder Strophe stellt zwar eine Waise dar, geht aber mit den beiden übrigen Schlussversen des Abschnitts – im Englischen wie im Deutschen – eine klangliche Verbindung ein. In den einleitenden drei Strophen stehen diese Verse gar in einem identischen Reimverhältnis: Hier reimen sich dieselben und einzigen zwei Worte der Schlussverse „Fort, fort!"[198]. Die Waise fungiert hier gewissermaßen als Kehrvers und vermittelt einen Refraincharakter, der in den übrigen drei Teilen der Dichtung weniger stark ausgeprägt erscheint. Außerdem folgen in diesem Vers zwei Hebungen unmittelbar aufeinander – jeder poetische Takt enthält eine betonte, aber keine weitere unbetonte Silbe. Dieser Hebungsprall als metrische Eigenheit lässt die Schlussverse nicht allein im strophischen Zusammenhang markant hervortreten, sondern grenzt sie überdies von den Strophenenden der folgenden beiden Abschnitte ab. Die Schlussverse der zwei Mittelteile sind zwar ebenfalls dimetrisch, folgen aber keinem einheitlichen Versmaß: Bis zu drei Silben sind zwischen den Hebungen eingeschoben.[199] Auch die Verse eins bis vier sind in jeder Strophe in einem zweihebigen Metrum gedichtet, wobei sie von Shelley nichtalternierend verfasst und von Seybt ebenso übersetzt wurden. Der regelmäßige amphibrachische Rhythmus der ersten Strophe löst sich jedoch bereits ab der zweiten und dann mit jeder folgenden Strophe in zunehmendem Maße zu unregelmäßigen Versen auf. Stehen die ersten vier Verse jeder Strophe

---

197 Eine Abbildung des von Schumann verwendeten Erstdrucks der Dichtung aus den *Gedichten von Friedrich Hebbel*, S. 61–63, findet sich im Anhang.

198 Im englischen Original endet die erste Strophe auf „Away!", in den folgenden zwei Strophen dieses Abschnittes ließ Shelley die Schlussverse auf „Come away!" enden.

199 Im Englischen sind die Schlussverse des zweiten und dritten Abschnitts ebenfalls dimetrisch, allerdings folgen sie einem einheitlichen Metrum mit jeweils einer Senkung zwischen den Hebungen.

bei Shelley in einem Paarreim, so formte Seybt dieses Schema zu einem heterogenen Kreuzreim um.[200]

In Hebbels *Ballade vom Haideknaben* ist jede Strophe in einem volksliedhaften Paarreim gedichtet. Auch die Anlage der Verse folgt einer durchgängigen Struktur, indem die Anzahl der Hebungen in den ersten beiden Zeilen jeweils vier beträgt und diese männlich kadenzieren; die Verse drei und vier sind hingegen dreihebig und enden auf einer weiblichen Kadenz. Alle Verse beginnen auftaktig, doch variiert die Anzahl der Silben in den einzelnen Takten durch eine freie Senkungsfüllung stark, sodass sich diese unregelmäßige Verssprache gewissermaßen einer Prosa annähert. So folgt auch die überwiegende Zahl der Verse einer raschen dialogischen Struktur in wörtlicher Rede der Protagonisten Knabe, Meister, Hirte und Knecht, die durch ihre Unmittelbarkeit an die Dramengestaltung des Tragödiendichters Hebbel gemahnt. Auch die formale Konzeption der Ballade zeigt Parallelen zu einer theaterdramaturgischen Anlage: Auf eine einleitende Szene zwischen Knabe und Meister (Strophen 1 bis 5) folgt eine Handlungssteigerung, in der sich der Knabe auf seinem Weg zum „Haide-Ort" dem Hirtenhaus nähert und dort auf seinen Mörder trifft (Strophen 6 bis 13). Dieses Treffen kulminiert schließlich in der unvermeidlichen Katastrophe: der Ermordung des Knaben durch den Knecht unter dem Weidenbaum. In der Dichtung wird diese grausige Tat jedoch nicht zu einer direkten Darstellung gebracht (Strophen 13 bis 18); stattdessen folgt auf einen schroffen Einschnitt – der Erzähler zögert in Strophe 19 den Ausgang des Spannungshöhepunktes in einem retardierenden Moment hinaus und lässt so die trügerische Hoffnung auf eine Rettung des Jungen aufkeimen – mit der letzten Strophe 20 ein kurzer Epilog, in dem Rabe und Taube rückblickend von der Hinrichtung des Knechts beziehungsweise vom Leid und Gebet des Opfers vor seinem Tode berichten. Diese inhaltlichen Abschnitte und dramaturgischen Einheiten gehen gleichwohl ohne formale und strukturelle Einschnitte nahtlos ineinander über, sodass der Handlungsablauf – über einen großen Spannungsbogen verbunden – nicht auseinanderbricht.[201]

---

200 Da Shelley in seiner Dichtung den letzten Vers als Waise setzte, erscheint es an dieser Stelle sinnvoll, die vier ersten Verse der deutschen Übersetzung ebenso als Reimeinheit aufzufassen. Eine Abbildung des von Schumann verwendeten Drucks der Dichtung aus *Percy Bysshe Shelley's poetische Werke in Einem Bande. Aus dem Englischen übertragen von Julius Seybt*, S. 338f., findet sich im Anhang.

201 Eine Abbildung des von Schumann verwendeten Drucks der *Neuen Gedichte von Friedrich Hebbel*, S. 66–70, findet sich im Anhang.

Die kurze Analyse der Balladen offenbart, dass sich Schumann bei der Wahl seiner Textvorlagen für die drei Konzertmelodramen – angefangen von *Schön Hedwig* über Shelleys *Die Flüchtlinge* bis hin zur *Ballade vom Haideknaben* – mit jeder Ballade zunehmend einer rhythmisch freieren Sprachgestaltung annäherte. Doch noch in einem weiteren Moment unterscheiden sich die Dichtungen voneinander: Anders als der *Haideknabe* sind die zwei übrigen Balladen kaum aktionsträchtig. In *Schön Hedwig* und *Die Flüchtlinge* vollzieht sich die Handlung auch nicht über einen dynamischen und dialogischen Schlagabtausch, sodass eine epische Darstellungsweise hier auch nach den umfassenden einleitenden Versen und Strophen überwiegt. In der Shelley-Ballade erfolgt zudem die nachträgliche Erläuterung der Fluchtumstände der Liebenden aus einer auktorialen Erzählhaltung heraus. Doch auch die Grenzen zwischen wörtlicher Rede der Protagonisten und indirekter Wiedergabe beziehungsweise Situationsschilderung einer epischen Gestaltung fließen in *Schön Hedwig* und *Die Flüchtlinge* ineinander: Die episch distanzierte Darstellung und der geringe Umfang der Passagen direkter Rede erzeugen den Eindruck einer mittelnden Identifikation des Erzählers mit den sprechenden Charakteren. Der Erzähler tritt dem Hörer – wie von Goethe beschrieben[202] – nahezu als Person, als „Sänger", der „seinen prägnanten Gegenstand, seine Figuren, deren Taten und Bewegung [...] im Sinne"[203] hat, gegenüber und die Figuren gelangen in ihrem Handeln und Sprechen nur noch indirekt zur Darstellung. Da Texteingriffe Schumanns hinsichtlich einer dramatisierenden Umgestaltung der dichterischen Vorlagen – wie noch in den Chorballaden – nicht zu verzeichnen sind, stellt das Komponieren einer Erzählhaltung, das Schumann im Liederjahr noch weitestgehend durch die Wahl seiner balladischen Textvorlagen umging, in den Vertonungen von *Schön Hedwig* und *Die Flüchtling* eine musikalische Notwendigkeit dar.

Für die Liedballaden von 1840 und auch für die Chorballaden wählte Schumann jeweils Dichtungen aus, die bereits in ihrer formalen Konzeption seinem ästhetischen Vertonungsziel entgegen kamen oder in einem zweiten Schritt durch Textveränderungen nachträglich in die entsprechende „musikalische Form"[204] gegossen wurden. Diese Vorlagen weisen folglich auf formaler und struktureller Ebene für die Liedvertonung beziehungsweise für die Vertonung als dramatisches Konzertstück mit Chor und Orchester summa summarum jeweils eine ähnliche

---

202 Goethe, „Ballade, Betrachtung und Auslegung", S. 505; siehe S. 13.
203 Ebenda.
204 In: Brief von Schumann an Pohl vom 25. Juni 1851; siehe S. 33.

oder gar analoge Disposition auf. In den Balladen *Schön Hedwig, Die Flüchtlinge* und in der *Ballade vom Haideknaben* machen sich indes bereits auf struktureller Ebene und in der formalen Konzeption Unterschiede bemerkbar, die im Kompositionsergebnis eine divergente musikalische Ausrichtung nahelegen. Erwartungsgemäß sollten Musik und Text in den drei Werken auf verschiedene Weise interagieren und folglich auch der Klaviersatz in jeweils anderer Manier an der künstlerischen Gestaltung partizipieren. Der Zusatz, dass jedes dieser Werke auch als „selbstständiges Musikstück"[205] ohne einen deklamierten Textvortrag gespielt werden könne, erstaunt umso mehr und sollte bei der analytischen Betrachtung der Kompositionen entsprechend Beachtung finden.

Die Analyse der Dichtungen hat darüber hinaus aber auch das Fundament für die Annäherung an das ästhetische Interesse hinter dem melodramatischen Kompositionskonzept als Vertonungsstrategie der Ballade geschaffen: Keine der drei von Schumann ausgewählten Balladen zielt auf die Entfaltung eines innerlichen oder ‚subjektiven' Ausdrucks ab, sondern richtet sich explizit an einen Rezipienten. Schumann selbst lieferte bereits in seinen beiden schriftlichen Ersuchen um eine Drucklegung von *Schön Hedwig* mit den Formulierungen einer „eigenthümlichen Wirkung"[206] und eines „guten Effects"[207] erste Indizien, die diese These einer öffentlichkeitsorientierten Ästhetik und damit einer nach Wirkung strebenden musikalischen Ausformung der Dichtungen untermauern. Doch wie sich in den Chorballaden die zunächst „gute Wirkung"[208] zu einer „dramatischen Wirkung"[209] konkretisierte, gilt es, auch die ästhetische Ausrichtung der Konzertmelodramen mittels einer musikalischen Analyse noch zu präzisieren. Gleichwohl zeichnet sich bereits auf rein textlicher Basis ein wesentlicher Unterschied zwischen *Schön Hedwig* op. 106 und *Die Flüchtlinge* op. 122 Nr. 2 einerseits, und der *Ballade vom Haideknaben* op. 122 Nr. 1 andererseits in ihrer Prägung ab: Besonders unter Berücksichtigung der ersten Einschätzung Schumanns, dass der *Haideknabe* unter Umständen „musikalisch behandlungsunfähig"[210] sei, deuten auch das dramaturgische Aufbauprinzip und die dramatischen Gestaltungsmittel darauf hin, dass die Motivation zur Vertonung dieser Dichtung auf ästhetischen Prämissen aufbaut, die der Kompositionsidee zur Vertonung von „Gedichten

205 Brief von Schumann an Senff vom 14. März 1853; siehe Anm. 187.
206 In: Brief von Schumann an Kistner vom 17. Dezember 1852; siehe S. 57.
207 In: Brief von Schumann an Senff vom 14. März 1853; siehe S. 57f.
208 In: Brief von Schumann an Pohl vom 25. Juni 1851; siehe S. 33.
209 In: Brief von Schumann an Pohl vom 10. Januar 1852; siehe S. 39.
210 In: Brief von Schumann an van Bruyck vom 18. November 1853; siehe S. 56.

z. Declamation m. Begleitung des Pfte"[211] zum Zeitpunkt ihrer ersten Nieder-schrift im Jahre 1845 womöglich noch nicht innewohnten.

Der Ansatz, zur Präzisierung und Differenzierung der von Schumann verfolg-ten ästhetischen Absicht auch im literarischen Sujet nach richtungsweisenden Anhaltspunkten zu suchen, liegt nahe. Doch zeigt sich, dass Schumann mit der Wahl der *Ballade vom Haideknaben* einen Balladentypus wählte, den er bereits ein Jahr zuvor mit der Shelley-Ballade zum Gegenstand einer melodramati-schen Vertonung ausersehen hatte. In beiden Dichtungen stellt das Moment des Schaurig-Unheimlichen ein wesentliches Charakteristikum dar, wobei sich die-ses in erster Linie nicht einer Schilderung, sondern der suggestiven Erwartung einer Katastrophe verdankt.[212] Die *Ballade vom Haideknaben* hebt sich damit auf inhaltlicher Ebene nicht in eklatanter Weise von der Ballade *Die Flüchtlinge* ab. Mit der Wahl dieser Textvorlagen reihte sich Schumann außerdem in eine geistig-ästhetische Tradition ein, in der das schaurig-unheimliche Balladensujet seit den ersten Gattungsvertretern melodramatischer Balladenvertonungen eine tragende Rolle spielte und die einen Bogen über die Konzertmelodramen Liszts bis zu den späteren Fin-de-siècle-Melodramen schlägt.[213] *Schön Hedwig* aber zeichnet – wie Hanslick formulierte – „ein liebliches Bild von Mädchentreue und Ritterlieb"[214]. Von inhaltlichen Kriterien distanzierte sich Schumann bei der Wahl seiner literarischen Sujets zur melodramatischen Vertonung folglich auch. Überdies bleibt das Element des Schaurigen auch nicht allein einer melodrama-tischen Kompositionskonzeption vorbehalten, wie die Sujets der Chorballaden und in besonderem Maße *Das Glück von Eldenhall* dokumentieren.

Die Werkgenese der Konzertmelodramen Schumanns deutet in ihren Zusam-menhängen und Relationen zunächst an, dass der Komponist mit dem Konzept einer melodramatischen Vertonung der Balladen eine Kompositionsidee ver-folgte, deren übergeordnetes ästhetisches Interesse einer ebenso verbindenden Tendenz unterliegt. Zudem zeigt sich bei genauerer Betrachtung der Dichtun-gen zum einen, dass diese künstlerische Absicht – die sich in ihren Grundzü-gen bereits in der Ausrichtung der Textvorlagen ausspricht – weder an die übergeordnete Werkidee der Liedballaden noch an diejenigen der Chorballaden

---

211   Eintrag vom 31. März 1845; in: Schumann, *Tb III* [*Haushaltsbüche*r Teil 1, 1837–1847], S. 384; siehe S. 49.

212   Matthias Nöther, *Als Bürger leben, als Halbgott sprechen. Melodram, Deklamation und Sprechgesang im wilhelminischen Reich* (= KlangZeiten – Musik, Politik und Gesellschaft 4), Köln u. a. 2008, S. 50.

213   Vgl. ebenda, S. 49.

214   Hanslick, *Aus dem Concertsaal*, S. 106; siehe S. 17.

anknüpft. Zum anderen können aber auch zwischen den melodramatisch vertonten Dichtungen Unterschiede ausgemacht werden, die einer gänzlich gleichartigen Kompositionskonzeption zuwiderlaufen. Eine Analyse der Werke kann
daher kaum darauf abzielen, einem kompositorischen und formalen Grundriss
in den Konzertmelodramen nachzuspüren, der den Werken und damit einer deklamierten Textvertonung mit Begleitung des Pianoforte gleichsam als bestän-
diges und gattungsimmanentes Charakteristikum bei Schumann anhaftet. Eine
umfassende Detailuntersuchung der Kompositionen könnte hingegen lediglich
aufzeigen, dass in einem Werk oder in einem bestimmten Abschnitt individuelle
Wechselbeziehungen zwischen den Ausdrucksebenen Text und Musik vorherr-
schen; in welch facettenreicher Weise aber Dichtung und Klaviersatz interagieren
können, kann nur über eine Vielfalt an Beobachtungen und Ergebnissen aufge-
deckt werden. Daher soll die Analyse einen Überblick über die Kompositionen
geben, indem sowohl Schattierungen im Wort-Ton-Verhältnis als auch Analogi-
en und Divergenzen im kompositorischen Umgang mit den dichterischen Vorlagen nachgegangen wird. Darüber hinaus werden auch Schumanns liedhafte und
chorsinfonische Vertonungsmodelle der Ballade vergleichend herangezogen, um
der Wirkungsabsicht hinter den melodramatisch vertonten Dichtungen auf die
Spur kommen. Allein dieser analytische Panoramablick kann das Fundament
einer differenzierten Reflexion über das ästhetische Programm hinter den Konzertmelodramen Robert Schumanns legen.

3.3 Die freie Deklamation als Mittel der Sprachvertonung

„Wir haben gestern die Ouverture zu Manfred probirt; meine alte Liebe zur Dichtung ist
dadurch wieder wach geworden. Wie schön, wenn wir das gewaltige Zeugniß höchster
Dichterkraft den Menschen vorführen könnten! Sie gaben mir Hoffnung dazu; haben
Sie wieder einmal darüber nachgedacht?

Die Ausführbarkeit gilt mir für ausgemacht; einiges Bedenkliche wäre freilich mit dem
Regisseur zu besprechen, so z.B., ob die Geister in der 1ten Abtheilung nicht auch dem
Auge sichtbar sein müßten (wie ich glaube). Das Ganze müßte man dem Publicum nicht
als Oper oder Singspiel oder Melodram, sondern als ‚dramatisches Gedicht mit Musik‘
ankündigen – Es wäre etwas ganz Neues und Unerhörtes. Die Besetzung des Manfred
selbst durch einen bedeutenden Künstler bliebe freilich die Hauptsache. Daß die Ausführung des musikalischen Theils keine großen Anstrengungen erfordert, sahen Sie
vielleicht selbst in der Partitur.“[215]

---

215 Brief von Robert Schumann an Franz Liszt vom 5. November 1851, in: Schumann,
     Schumann Briefedition, Serie II, Bd. 5, S. 168. (Auch erschienen in: Robert und Clara
     Schumann und Franz Liszt, *Briefwechsel zwischen Franz Liszt und Robert und Clara*

Anlässlich einer geplanten szenischen Uraufführung seines *Manfred* op. 115, die schließlich am 13. Juni 1852 in Weimar stattfand, führte Schumann einen regen Briefwechsel mit Franz Liszt, dem musikalischen Leiter der Inszenierung. Schumann rühmte nicht nur die Dichtung Lord Byrons als „gewaltiges Zeugnis höchster Dichterkraft"[216], sondern betonte auch die Stellung seiner Komposition als eines der Hauptwerke im eigenen Œuvre, als „etwas ganz Neues und Unerhörtes" – als ein „dramatisches Gedicht mit Musik"[217]. Mit dieser Charakterisierung des Werkes übernahm Schumann Byrons Untertitel „dramatic poem"[218] und suggerierte damit zugleich, dass er sich der Bewandtnis dieser zunächst paradox anmutenden Bezeichnung bewusst war: Die äußere Darstellungsart der Dichtung ist eine dramatische, also dialogisch abgefasst und mit Regieanweisungen versehen, doch erweist sich das Werk in unbearbeiteter Form dennoch als ungeeignet für die Bühne. So teilt sich der dramatische Konflikt nicht über den Dialog und über einen Handlungsablauf mit, sondern wird erst über die monologischen Äußerungen des Protagonisten Manfred zum Ausdruck gebracht – ein Lesedrama also, in dem die Rolle des Manfred ganz ins Zentrum gerückt wird und den eigentlichen Kern der Dichtung darstellt.[219] Als etwas „Neues und Unerhörtes" wird dieses Drama „mit"[220] einer Musik verbunden, die sich in gewisser Weise vom Text isoliert: Schumann unterschied innerhalb seiner Komposition klar zwischen der verbalen Ausdrucksebene der Dichtung – die gleichsam von der Figur des Manfred verkörpert wird – und einem „musikalischen Theil"[221]. Die Kritik am Melodram seiner Zeitgenossen, dass eine deklamierte ‚Textvertonung' für ein Instrumentalwerk in ästhetischer Hinsicht nicht zu rechtfertigen sei, da hier zwei disparate Äußerungsformen desselben Gefühlsausdrucks in widersinniger Gleichzeitigkeit erklingen würden,[222] prallt somit nicht nur als ästhetischer Missstand von op. 115 ab, sondern scheint stattdessen bewusst von

---

Schumann, hrsg. von Wolfgang Seibold, Frankfurt a. M. 2011 [verbesserte und vermehrte Neuausgabe des Kapitels „Der Briefwechsel", erschienen in Bd. 2 der Dissertation Seibolds: *Robert und Clara Schumann in ihrer Beziehung zu Franz Liszt*, Frankfurt a. M. 2005, S. 7–104], S. 91).

216 Ebenda.
217 Ebenda.
218 Vgl. George Gordon Noel Byron, *Manfred, a dramatic poem*, London 1817.
219 Vgl. Jochen Clement, „Lesedrama und Schauspielmusik. Zu Schumanns *Manfred* op. 115", in: hrsg. von Gerd Nauhaus, *Schumann-Studien 5*, Köln 1996, S. 143.
220 In: Brief von Schumann an Liszt vom 5. November 1851; siehe S. 65.
221 Ebenda.
222 Vgl. S. 10.

Schumann als ästhetisches Programm bei der Konzeption des Werkes ins Auge gefasst worden zu sein. Dadurch dass die Musik und der deklamierte Text als – wie auch Phillip Spitta ex negativo formulierte – „zwei unverbundene Elemente" nebeneinander existieren und so eine „geteilte Aufmerksamkeit"[223] vom Rezipienten einfordern, wird die Dichtung in ihrer außermusikalischen Ursprünglichkeit in den Vordergrund gerückt – dementsprechend forderte Schumann auch eine erstklassige Besetzung der Rolle des Manfred. Die Musik kann sich im Gegenzug einer rhetorisch rein unterstützenden Funktion entziehen. Spitta jedoch begründete mit dieser Darstellung der Verhältnisse von Musik und Poesie im Melodram seine Ablehnung der Gattung – und dies aus einer vokalästhetischen Perspektive, die einer melodramatischen Komposition zur „harmonischen Befriedigung des Eindrucks"[224] die gleichen Prinzipien zur Vereinigung von Musik und Text abzunötigen versucht wie einer Vokalkomposition. Folglich erwartete er, dass sich Instrumentalmusik und Textvortrag im Melodram auch zueinander verhalten müssten wie Singstimme und Begleitung. Für Schumann aber verloren jegliche vokalästhetischen Prämissen im *Manfred* ihre Gültigkeit: Die Deklamation wird von Schumann nicht zu einem Behelf der Vertonung einer komplexen und vielschichtigen Dichtung degradiert, das die gesungene Vermittlung der Inhalte lediglich ersetzt. Vielmehr wird ihr eine ganz eigene Konnotation in der klanglichen Qualität und Ausdrucksfähigkeit zugesprochen, die bewusst dem Gesang der Geistererscheinungen[225] – als übernatürliche Instanz – gegenübergestellt wird. Schumann nutzte die Deklamation hier also nicht als ein Provisorium für den Gesang, sondern als gleichwertiges sprachliches Ausdrucksmittel, das als individuelle Facette im akustischen Spektrum aller möglichen Vertonungsmodelle eines Textes seine ästhetische Rechtfertigung erfährt. Die sich daraus ergebende Vielfalt an Ausdrucksformen zur musikalischen Einbindung einer dichterischen Vorlage von der freien Deklamation über eine gebundene Deklamation[226] bis zu einer sanglichen Melodik ist dementsprechend auch im Liedschaffen Schumanns, und hier vornehmlich in der zweiten Phase der intensiven Auseinandersetzung mit der Gattung, deutlich erkennbar. Brendel, der die Schumann-Lieder in seiner *Geschichte der Musik* noch entschlossen als Weiterentwicklung der Schubert'schen Gattungsvertreter

---

223 Phillip Spitta, *Zur Musik*, Berlin 1892, S. 232.
224 Ebenda.
225 Von den insgesamt fünfzehn Nummern sind neun melodramatisch komponiert.
226 Schumann hat in der letzten Nummer von op. 115 den deklamierten Textvortrag des Manfred rhythmisch fixiert.

hervorhob,[227] problematisierte in seinem Aufsatz „Die Melodie der Sprache" aber gerade diese mannigfaltige kompositorische Ausschöpfung. Und vor allem die deklamatorische Melodieführung der Singstimme denunzierte er als das „für den Sänger Undankbare und Ausdruckslose"[228] zum schwerwiegenden ästhetischen Makel:

> „Schumann ist in der Behandlung der Singstimme nie mit sich ganz in's Reine gekommen, und wir sehen daher bei ihm ein unsicheres Schwanken. Bald ist die Singstimme bei ihm überwiegend declamatorisch, bald melodisch, bald weder das Eine noch das Andere. Dies verleiht derselben in schwächeren Werken namentlich das Bedeutungslose, so daß wir häufig nur ein unmotivirtes Herab- und Heraufgehen der Töne, eine durch kein Gesetz bestimmte Folge derselben vor uns haben. […] Ueber das frühere, den Text mißhandelnde rein melodische Schaffen war S c h u m a n n schon hinaus; aber das vollständige Ergreifen des Neuen, was überhaupt in dieser ganzen Entwicklung des Liedes nur vorbereitet, nicht wirklich erreicht wurde, ist ihm ebensowenig gelungen. Trotzdem aber sehen wir das zum Theil noch unbewußte Ringen nach dieser Ausdrucksweise, nur daß dieselbe eben noch nicht mit Bestimmtheit ergriffen, als ausdrückliches Princip an die Spitze gestellt worden ist."[229]

Weder erfüllte Schumann in seinen späteren Liedkompositionen die Erwartungen einer sanglichen oder liedhaften Fasslichkeit der Verfechter einer traditionellen Liedästhetik, in der sowohl Textstruktur und Melodieführung als auch Singstimme und instrumentale Begleitung kongruent verlaufen. Noch verhalten sich diese Lieder konform zu den Idealen einer Textvertonung nach Brendels ästhetischem Verständnis: In der formalen Disposition dieser Werke wird weder eine musikalische Quadratur vollständig suspendiert, noch folgte Schumann bei seiner Melodiebildung konsequent dem von Brendel eingeforderten „sprachmelodischen Princip"[230] – unterstellte seine Melodien also nicht der uneingeschränkten Autorität der sprachmelodischen Kontur des Textes[231]–, welches als „neues

---

227 Brendel, *Geschichte der Musik* [4. Aufl., 1867], S. 505; siehe S. 22.

228 Ebenda, S. 541.

229 Franz Brendel, „Die Melodie der Sprache", in: hrsg. von Franz Brendel, *Anregungen für Kunst, Leben und Wissenschaft*, Leipzig 1856, Bd. 1, S. 19f. (Hervorhebung original).

230 Ebenda, S. 25. Zur sprechähnlichen Sprachvertonung Wagners seit dem *Fliegenden Holländer* vgl. auch Martin Knust, *Sprachvertonung und Gestik in den Werken Richard Wagners. Einflüsse zeitgenössischer Rezitations- und Deklamationspraxis* (= Greifswalder Beiträge zur Musikwissenschaft 16), Berlin 2007, S. 367.

231 Vgl. dazu Ulrich Mahlert, „*Die Sechs Gesänge* op. 107. Zur Werkstruktur, zur Vertonungsweise, zur zeitgenössischen Rezeption und zur Bearbeitung für Sopran und Streichquartett von Aribert Reimann", in: hrsg. von Ulrich Tadday, *Der späte Schumann* (= Musik-Konzepte. Neue Folge, Sonderband 11), München 2006, S. 163–182.

Princip"[232] aber den eigentlichen Fortschritt im Liederfach verkörpere. Ein Fortschritt, der selbstredend nur in Wagners Musikdrama eingelöst werden konnte. Dass Brendel daher Schumanns Vielfältigkeit in der Behandlung der Singstimme als „unsicheres Schwanken" abschrieb und diagnostizierte, der Komponist wäre in der Melodieführung „nie mit sich ganz in's Reine gekommen"[233], verwundert kaum. Doch zeugt gerade der von Brendel dargelegte Facettenreichtum der Schumann'schen Textvertonungen von einer ästhetischen Strategie hinter der melodischen Gestaltung der Singstimme, die unmittelbar an den angestrebten Ausdruckswillen gebunden ist. Und dieser wiederum ist fest an die entsprechende dichterische Textvorlage gekoppelt. Die freie Deklamation reiht sich folglich nicht nur in Bezug auf den *Manfred*-Stoff, sondern grundsätzlich als künstlerisch reflektiertes Kompositionswerkzeug in die Palette möglicher Vertonungsstrategien von Sprache ein. Und gerade in ihrer klanglichen Qualität dient sie damit der Zielfindung einer bestimmten ästhetischen Absicht.

3.3.1 Textzentriertheit und Inhomogenität der Ausdrucksebenen Text und Musik

Wie die Stichvorlage von op. 106 zeigt, plante Schumann für seine Vertonung der Dichtung *Schön Hedwig* offenbar zunächst, den Textvortrag und den Klavierpart wie in der letzten Nummer des *Manfred* über eine gebundene Deklamation rhythmisch und damit unmittelbar musikalisch miteinander zu verbinden (siehe Abbildung). Doch verwarf er diesen Gedanken wieder: Sowohl die Originalausgabe und die folgenden Drucke dieses Werkes als auch alle Ausgaben von op. 122 zeigen keinerlei rhythmische Festlegung der texttragenden Stimme. In der „Schluss-Scene" des *Manfred* erklärt sich diese strengere formale Bindung des Textes an die Musik aus der musikalisch komplexen, strukturellen Gestaltung des Satzes. Schumann griff hier auf einen Kanon zurück, also auf eine Kompositionstechnik, die den formalen Verlauf der Musik vorab durch festgelegte Regeln streng organisiert. Dem „musikalischen Theil"[234] des Satzes bliebe durch die Abhängigkeit der Instrumentalstimmen untereinander auch in der Praxis keinerlei Möglichkeit, sich einem gleichzeitig frei deklamierten Text anzupassen. Daraus folgt für den Textvortrag des Manfred, dass dieser in seiner zeitlichen Dimension – also auf der rhythmischen Ebene – definiert werden muss, um ein Auseinanderbrechen der gewählten kanonischen Form zu verhindern.

---

232 Ebenda.
233 Brendel, „Die Melodie der Sprache", S. 19; siehe S. 68.
234 In: Brief von Schumann an Liszt vom 5. November 1851; siehe S. 65.

In einem freien Satzmodell, das sich zudem nur aus einem schlichten Klaviersatz und einer texttragenden Stimme konstituiert, bedarf es keiner solchen Determiniertheit, um eine strukturelle Stabilität des Satzes und einen musikalischen Zusammenhalt der partizipierenden Ausdrucksebenen zu gewährleisten: Der Text kann hier in diastematischer u n d rhythmischer Freiheit parallel zum Ton geführt werden. Dass Schumann in seinen Konzertmelodramen also auf ein rhythmisch fixiertes Notat des Textvortrages verzichtete, weist unmissverständlich auf seine Absicht hin, die Dichtung in ihrer kompositorischen Einbindung bis an den äußersten Rand der Möglichkeiten von einem musikalischen Diktat zu entbinden – sie also nicht musikalisch zu vereinnahmen. In den Druckausgaben der drei Konzertmelodramen wird so die Simultanität von Sprache und Musik nur durch die Niederschrift jedes neuerlichen Texteinsatzes organisiert; und wie im *Manfred* treten Dichtung und Klavierpart auf diese Weise bereits in eine voneinander isolierte Position.

Der Stichvorlage kann nun dennoch eine wesentliche und buchstäblich stichhaltige Information bezüglich einer von Schumann beabsichtigten aufführungspraktischen Darbietung des Werkes entnommen werden, die zwar zunächst naheliegend erscheint, der aber anhand dieser Quelle jeglicher Raum für Spekulationen entzogen wird.

Abbildung: Seite 5 (Takt 43 bis 63) der Stichvorlage von Kopistenhand von *Schön Hedwig* op. 106, vermutlich um Weihnachten 1849 von Carl Gottschalk angefertigt[235].

235 Siehe Ozawa und Wendt, *Kritischer Bericht*, S. 464. Ein Faksimiledruck der Stichvorlage findet sich in: hrsg. von Kazuko Ozawa und Matthias Wendt, *Robert Schumann. Neue Ausgabe sämtlicher Werke*, Serie VI [*Lieder und Gesänge für Solostimmen*], Bd. 6,1/*Facsimile Supplement*, Mainz 2009, hier: S. 79.

Ein Abgleich der vorliegenden Takte mit der von Clara Schumann vorangetriebenen Ausgabe der Komposition[236] und der neuesten Edition des Werkes in der *Neuen Robert-Schumann-Gesamtausgabe*[237] zeigt, dass die Abbildung des dichterischen Textes o h n e musikalische Zeichen auf den Klavierpart keinerlei Auswirkungen hatte. Schumann setzte im Klaviersatz kurze Motive ein, die sich nicht nur einer direkten mehrtaktigen periodischen Entwicklung verschließen, sondern auch in akkordischen Einschüben innehalten. Diese Modelle lassen tendenziell – und im Gegensatz zu den akkordisch entfalteten Klangkulissen – die erste Zählzeit des 4/4-Taktes unbesetzt. Der Taktschwerpunkt fällt hier, wie von Schumann in der Stichvorlage eindeutig rhythmisch fixiert, der texttragenden Deklamation zu, die zudem eine rhythmische Dopplung des Klaviersatzes vermeidet. Das Klavier hingegen scheint sich in Passagen des Textvortrags vom Taktmaß metrisch zu emanzipieren: Eine Beobachtung, die nicht allein für *Schön Hedwig* gilt, sondern auch in der *Ballade vom Haideknaben* als Auffälligkeit hervortritt. In op. 106 finden sich so auch Wendungen, die nicht nur einer geraden Taktart, sondern jedwedem Taktmetrum zuwider laufen, wie die Takte 46 bis 49 sowie 62 bis 67 der Stichvorlage zeigen (hier nur bis Takt 63 abgebildet). Es erklingt ein motivisches Destillat des Themas der Einleitung (Notenbeispiel 6), das bereits in den Takten 40 bis 44 (Notenbeispiel 2) erstmals erklingt und in dieser Gestalt und ihren Abwandlungen die Vertonung des gesamten Hauptteils kennzeichnet:

Notenbeispiel 2: Schön Hedwig, Takt 40 bis 44, Ende Strophe 3 und Anfang Strophe 4.

In den ersten beiden Takten dieser kurzen Phrase erklingt nach einer Viertelpause auf der zweiten Zählzeit jeweils ein voller Akkord (h-Moll und A-Dur),

236   Robert Schumann, *Robert Schumanns Werke. Herausgegeben von Clara Schumann*, Leipzig 1879–1893, Serie XIII [Für eine Singstimme, mit Begleitung des Pianoforte, 1887], Bd. 4, S. 105–111.

237   Hrsg. von Kazuko Ozawa und Matthias Wendt, *Robert Schumann. Neue Ausgabe sämtlicher Werke*, Serie VI [*Lieder und Gesänge für Solostimmen*], Bd. 6,1, Mainz 2009, S. 268–273.

der über einen melodischen Höhepunkt auf der dritten Zählzeit jeweils zu einem verkürzten Dominantseptakkord mit kleiner None geführt wird. Der harmonische Schwerpunkt liegt in diesen beiden Takten folglich auf der zweiten Zählzeit, während der melodische auf die dritte verlagert wurde. Der folgende Takt 42 verweilt in h-Moll, wobei nun nicht nur die erste, sondern auch die dritte Zählzeit musikalisch unbelegt bleibt und zu einem dominantischen Cis^7-Akkord ohne unmittelbare harmonische Auflösung auf der ersten Zählzeit des Schlusstaktes dieser Phrase überleitet. Es treten in dieser Passage also nicht nur harmonischer und melodischer Schwerpunkt in ein oppositionelles Verhältnis, auch das Taktmetrum wird von dieser intonatorischen Instabilität eingeschlossen. Die Figur scheint in metrischer Ungebundenheit und harmonischer Offenheit fortzuschreiten und vermeidet die Vermittlung von eindeutigen Schwerpunkten, die eine Aufmerksamkeit des Rezipienten auf sich ziehen würden und denen sich auch die Deklamation unterordnen müsste.

Der Vortrag der ersten Strophe *Schön Hedwigs* erfolgt so auch – in zeitlicher Variabilität und in vollkommener metrischer Unabhängigkeit – lediglich über einem mit Fermate versehenen Liegeakkord der Tonika D-Dur in Grundstellung, der über die Dauer von vier Takten sukzessiv zu einem Quartsextakkord reduziert wird (Takt 24 bis 27). In der achten Strophe wird die texttragende Stimme sogar vollständig von metrischen und harmonischen Verpflichtungen befreit, indem das Klavier über die Dauer eines mit einer Fermate versehenen Taktes verstummt (Takt 68) und der folgende Takt von einer Generalpause eingenommen wird.

Ähnliches zeigt sich in der *Ballade vom Haideknaben* für die Strophen dreizehn und vierzehn (Takt 52,4 bis 58, Notenbeispiel 3). Der Textvortrag erfolgt weitestgehend musikalisch unbegleitet. Das Klavier erklingt nur in drei kurzen Einwürfen, die wieder einer Betonung der ersten Zählzeit durch eine vorangestellte Achtelpause ausweichen und jeweils in eine Pause mit Fermate münden. Ein Taktschwerpunkt wird nach einer auftaktigen Achtelnote der rechten Hand auf der zweiten Zählzeit im *forte* beziehungsweise mit einem *sforzato*-Akzent versehen suggeriert. Die hier erklingenden leeren Oktaven der linken Hand erweisen sich jedoch keineswegs als harmonisch stabile Zentren, sondern bereiten jeweils das harmonische Fundament des folgenden Motivs vor: Der erste Einwurf (Takt 54) mit einem verminderten Septakkord in der rechten Hand vermittelt als verkürzter Dominantseptakkord mit kleiner None auf *cis* zunächst den tonalen Bezugspunkt Fis-Dur beziehungsweise fis-Moll. Doch stagniert die harmonische Entwicklung im gleichen Augenblick zunächst, indem der tonikale Grundton dem Akkord bereits im Bass entgegengesetzt wird. So greift auch der folgende motivische Einwurf das *fis* mit Oktavverdopplung in der linken Hand unter einem mit Sextparallelen angereicherten chromatischen Abstieg der

rechten Hand auf (Takt 55f.). Dieser schließt in einem terzlosen Dominantseptakkord auf *fis* mit Fermate zum folgenden, sequenzierten chromatischen Motiv
mit gedoppeltem *h* in der linken Hand. Dieses aber verschließt sich weiterhin einer harmonischen Auflösung, mündet ebenfalls in einem Septakkord ohne Terz
mit Fermate auf *h* (Takt 57f.).

Notenbeispiel 3: Ballade vom Haideknaben, Takt 52 bis 58, Strophe 13 und Strophe 14.

Auch hier bleibt dem deklamierten Textvortrag also ein erhebliches Maß an inter-
pretatorischer Freiheit erhalten – und dies nicht zuletzt, da die musikalische Gestaltung der Passage allein dem Fortgang der vorgetragenen Handlung geschuldet
ist und sich nicht einer punktuellen musikalischen Darstellung des ‚subjektiven‘
Ausdrucks des Deklamierenden im Sinne eines Affektes verpflichtet: In Takt 54
strebt die rechte Hand zunächst nach harmonischer Auflösung, die sich jedoch
im Bass durch den entgegengesetzten Grundton als hinfällig erweist – der Knabe
versucht zu fliehen, doch der Knecht klopft ihm bereits auf den Rücken – und erst

allmählich nimmt die harmonische Entwicklung dem inhaltlichen Geschehen der Dichtung entsprechend in eine noch ungewisse Richtung wieder Fahrt auf.

Anhand der vormaligen rhythmischen Fixierung der texttragenden Stimme in *Schön Hedwig* op. 106 – in metrischer Regelmäßigkeit und rhythmischer Souveränität – kann also zunächst festgehalten werden, dass in den Konzertmelodramen der Fokus auf die Dichtung gerichtet werden sollte. Indem Schumann nun in der endgültigen Fassung des Werkes den deklamierten Textvortrag von dieser exakten musikalischen Direktive freistellte, wird darüber hinaus deutlich, dass er diese zur Entwicklung einer Textzentriertheit und zur Garantie eines formalen Zusammenhalts nicht allein für überflüssig erachtete: Die so vorangetriebene Inhomogenität entpuppt sich auch – wie im *Manfred* – als reflektierte Entscheidung und Maßnahme in der ästhetischen Zielfindung, die in gewisser Weise eine „geteilte Aufmerksamkeit"[238] des Hörers anstrebt.

3.3.2 Strukturelle Konzeption und epische Distanz

Gingen zunächst alle negativen Stellungnahmen zum Melodram als musikalische Gattung von vokalästhetischen Prämissen als argumentative Basis aus, so zeigte bereits die kurze Analyse der Strophen dreizehn und vierzehn des *Haideknaben*,[239] dass Schumann in seinen Konzertmelodramen die Interaktion von Musik und Text keinesfalls in einer vergleichbaren Weise ausgestaltete, wie sie von einer Gesangskomposition erwartet wurde. Brendel beschrieb das nach seinem Dafürhalten ästhetisch kunstgerechte Verhältnis zwischen einem gesungenen Text und der instrumentalen Begleitung 1856 wie folgt:

> „Der Sänger erscheint nicht mehr nur als musikalisches I n s t r u m e n t, er ist der selbstbewußte Beherrscher seiner Erregung, und der B e g l e i t u n g ist anvertraut, was in der Tiefe der Brust vorgeht. Wenn er früher nur das G e f ü h l ausströmte, so ist es jetzt s e i n Gefühl, welchem er Ausdruck verleiht."[240]

Begleitung und Gesang sind hier ein und demselben Gefühlszustand verpflichtet, und namentlich die Melodie ist „das Subjective in der Musik, die Form, in welcher das Subject in seinem besonderen Empfinden sich auszusprechen vermag"[241]. Indem der Sänger als „selbstbewußte[r] Beherrscher seiner Erregung"

---

238 Spitta, *Zur Musik*, S. 232; siehe S. 67.

239 Vgl. S. 73f.

240 Brendel, „Die Melodie der Sprache", S. 19 (Hervorhebung original).

241 Franz Brendel, „Robert Schumann mit Rücksicht auf Mendelssohn-Bartholdy. Und die Entwicklung der modernen Musik", in: *NZfM*, Bd. 22 (1845), Nr. 15, 19, 21, 27, 29, 35, 36 (Februar bis Mai), hier: Nr. 27(April), S. 115. Auch in der vierten Auflage

auftritt und die instrumentale Begleitung sich jedem textbedingten Stimmungs-
wechsel anpasst, sollte die viel zitierte ‚Subjektivität' in das Werk hineingetragen
werden. Eben dieser funktional eng begrenzte Bezugsrahmen wurde auch von
der rein musikalischen Ebene einer melodramatischen Komposition erwartet:
dass diese also allein „den Zweck haben [solle], den Ausdruck des Sprechenden
zu verstärken"[242]. Dieser vokalästhetische Anspruch, der an dieser Stelle für die
Konzertmelodramen Schumanns schlicht nicht mehr haltbar ist, macht schließlich aber auch die bereits zitierte, positive Bewertung Pohls der deklamierten
Textwiedergabe in der *Ballade vom Haideknaben* nachvollziehbar:

> „Ja, das Unheimliche der Situation wird eben durch die t o n l o s e Sprache in einer
> Weise erhöht, wie dies der Musik nicht möglich sein würde. Denn letztere mit ihrem
> geordneten System der hohen und tiefen Lagen kann begreiflicherweise weder das ganz
> Klanglose, Dumpfe, Hohle, noch auch das in höchster Leidenschaft natürliche Klang-
> überragende künstlerisch gewähren."[243]

Auch für Pohl fanden Musik und deklamierter Textvortrag – trotz ihrer dispa-
raten Wirkung – in einer gemeinsamen, textbedingten Ursache ihren Ursprung:
im „Unheimlichen der Situation"[244]. Wie auch von Brendel für eine adäquate Gesangskomposition als unabdingbar vorausgesetzt, würden hier Deklamation und
Klavierpart also unterschiedlich stark ausgeprägte Äußerungen desselben Gefühlszustandes darstellen und wurden nicht als voneinander isolierte Ausdrucksebenen wahrgenommen. Die freie Deklamation findet nach Pohls Ermessen für
den *Haideknaben* folglich zwar in ihrer klanglichen Qualität eine ästhetische
Rechtfertigung, doch werden ihr die gleichen ästhetischen Voraussetzungen und
Prinzipien eines gesungenen Textvortrags vorangestellt.

Besonders einleuchtend tritt die jeweils individuelle Prägung der instrumentalen
und der deklamierten Ausdrucksebene der Kompositionen auch in der Gestaltung
und Einbindung der Vorspiele von *Schön Hedwig* und *Die Flüchtlinge* hervor. Schumann gliederte sein op. 106 bereits formal, indem er die Komposition durch Dop-
pelstriche – korrespondierend mit inhaltlichen Teilstücken der Dichtung – in vier

---

seiner *Geschichte der Musik* bringt Brendel diese Formulierung in leicht variierter
Form in unmittelbarem Zusammenhang mit Mendelssohns *Liedern ohne Worte*.
Die Melodie sei „das Subjective in der Musik, die Ausdrucksweise, in welcher das
Subject in seinem besonderen Empfinden sich auszusprechen vermag", in: Brendel,
Geschichte der Musik [4. Aufl., 1867], S. 519.

242 Schilling, Art. „Melodram", S. 650; siehe S. 10.

243 Pohl, „Die Leipziger Tonkünstler-Versammlung", Nr. 19 (November), S. 158, siehe
S. 14f.

244 Ebenda.

strophisch übergreifende Sinnzusammenhänge strukturierte.[245] Der letzte Abschnitt, der die Strophen neun bis zwölf umfasst, wird nicht durch einen Doppelstrich, sondern durch eine Generalpause von der vorangehenden Sinneinheit abgehoben (Takt 69). Nur die erste Strophe, die den Hörer in die Szenerie des folgenden Geschehens einführt, fällt dabei dem ersten Abschnitt des Werkes zu. Dabei setzt die Deklamation erst nach dem Erklingen des Schlussakkords der rein instrumentalen Einleitung ein. Der Textvortrag partizipiert also trotz einer formalen Zugehörigkeit nicht unmittelbar an der musikalischen Gestaltung des Vorspiels und vermittelt so keine musikalische oder gar motivische Abhängigkeit, wie es eine Vertonung der Strophe als Gesangsdarbietung suggerieren würde. Der feierliche Charakter, der sich in einem Fanfaren-Gestus ausspricht und die höfische Situation lanciert, ist demnach weder eine bloße Untermalung der vorgetragenen Strophe noch eine musikalische Verstärkung des ‚subjektiven' Ausdrucks des Deklamierenden. Vielmehr handelt es sich bei diesem ersten Abschnitt um die klangliche Manifestation des in der folgenden Ansprache formulierten Szenariums. Oder pointiert formuliert: Die auktoriale Erzählhaltung des Deklamierenden bleibt erhalten – er wird nicht zu einem singenden Vertreter der Hofgesellschaft stilisiert – und die epische Distanz zum Geschehen, die diese Strophe der Balladendichtung bereits charakterisiert, wird nicht durchbrochen.

Gleiches gilt für den Beginn von op. 122 Nr. 2, *Die Flüchtlinge* (Notenbeispiel 4). In den ersten drei Takten vor dem Einsatz des Textvortrags wird ein im *piano* auf- und abrauschendes Sturmmotiv eingeführt: Die jeweils ersten zwei Zählzeiten der Takte nimmt ein 32tel-Lauf in Oktavparallelen[246] ein, der sich aus einer aufsteigenden A-Dur-Tonleiter sowie einer absteigenden a-Moll-Leiter zusammensetzt und in ein rhythmisch ungefestigtes Oktavtremolo auf A_1 der verbleibenden zwei Zählzeiten überführt wird. Erst über die darüber erklingenden akzentuierten Akkordschläge wird diese Figur harmonisch und metrisch in einen fest umrissenen Kontext gestellt: Über die jeweiligen verkürzten Dominantseptakkorde manifestiert sich in den Akkorden eine erweiterte Kadenz zur Tonika d-Moll, die aber erst im vierten Takt mit dem Einsetzten der Deklamation erreicht wird. Das instrumentale Vorspiel und die ersten drei inhaltlich einleitenden Strophen der Dichtung[247] (bis Takt 17, siehe Notenbeispiel 5)

---

245   Die Dichtung lässt sich inhaltlich in eine einleitende Strophe, einen handlungssteigernden Abschnitt, in dem der Ritter seine drei Fragen an Hedwig richtet (Strophe 2 bis 4), gefolgt von drei Strophen der wörtlichen Rede, in denen Hedwig die drei Fragen des Ritters beantwortet (Strophe 5 bis 8), gliedern. Die letzten vier Strophen bilden den letzten Teil der Ballade.

246   Der dritte 32tel-Lauf auf A_1 ist ohne Oktavverdopplungen gesetzt.

247   Zur formalen und inhaltlichen Gliederung der Dichtung siehe S. 59f.

werden hier von Schumann also nicht durch eine formale Kennzeichnung, sondern durch die harmonische Gestaltung unmittelbar miteinander verbunden. So
bleiben auch das Tremolo als atmosphärischer Unterbau und das kadenzierende
Fortschreiten der Harmonik für den deklamierten Vortrag dieser Strophen erhalten, wenngleich die harmonische Entwicklung und das Betonungsgefüge nun
nicht mehr durchgängig in metrischer Regelmäßigkeit verlaufen:

Notenbeispiel 4: Die Flüchtlinge, Takt 1 bis 7, Strophe 1.

Auch die Vertonung des letzten Verses der ersten Strophe erfolgt über eine ein-
fache Kadenz, erneut in *forte*-Akkordschlägen. Diese sollen jedoch explizit nicht

simultan zu den deklamierten Worten „fort, fort, fort!" – aus rein musikalischen Gründen erweiterte Schumann den Vers hier um eine weitere betonte Silbe[248] – erklingen. Musik und Text werden hier also ganz bewusst nicht durch gleichzeitiges Erklingen zu einer geschlossenen Figur zusammengefasst, sondern gezielt gegeneinander gesetzt. Während vom Klavier durch die Versetzung der Akkorde um eine Achtelpause ein vorwärtsdrängender Impetus ausgeht, entzieht sich der Textvortrag einem impulsiven oder getriebenen Ausdruck. Die Deklamation distanziert sich also zunächst von einer unmittelbaren Partizipation an der klanglichen Ausgestaltung des geschilderten Szenarios im Klavier, zudem rückt der Vers durch die Verständlichkeit der Worte in den Vordergrund. Der Abschluss jeder Strophe dieses ersten Abschnitts der Komposition wird in vergleichbarer Weise, also mit kadenzierenden Akkordschlägen des Klaviers im *forte* und der dreimaligen Wiederholung des Ausrufes „fort!" gestaltet. Doch setzt Schumann in der dritten und damit letzten Strophe dieses Teils Worte und Musik parallel zueinander (Takt 17), indem er die Achtelpause im Klavier nun nicht vor jedem Achtelakkordschlag, sondern hinter diesem platziert (Notenbeispiel 5).

Nicht allein in Shelleys Dichtung beziehungsweise in der Seybt'schen Übersetzung, sondern auch musikalisch wird hier folglich eine Zäsur gestaltet. Dennoch greift auch der folgende Abschnitt das ruhelose Tremolo zum deklamierten Textvortrag auf und knüpft damit motivisch unmittelbar an Vorspiel und musikalischer Ausformung der ersten drei Strophen an. Die Textbearbeitung Schumanns – ein Umgang mit der dichterischen Vorlage, der sich nur in dieser melodramatisch vertonten Ballade findet und womöglich dem Umstand geschuldet ist, dass es sich um eine Übersetzung handelt – liefert hier entscheidende Hinweise, die dieses Festhalten am Gestus der Einleitung erklärlich machen: Das Streichen der abschließenden Waise „Rief er." der vierten Strophe – ein aus philologischer Sicht schwerwiegender Eingriff, durch den die poetische Form der Ballade in ein Ungleichgewicht gerät und der darüber hinaus die formale Gliederung der Dichtung durchbricht[249] – und auch die Ausklammerung des einleitenden Satzes der fünften Strophe „Und sie rief:" offenbaren, dass Schumann für den zweiten Abschnitt der Dichtung an einer episch distanzierten Darbietung der Inhalte festhalten wollte.

---

248 Zu den Fassungen der Dichtung von Seybt und Shelley vgl. S. 60f.

249 Durch das Streichen dieser Waise wird die bereits auf struktureller Ebene der Dichtung ersichtliche Zusammengehörigkeit der Strophen vier bis sechs aufgehoben. Vgl. dazu S. 60.

Notenbeispiel 5: *Die Flüchtlinge,* Takt 15 bis 26, Ende Strophe 3 (Abschnitt 1), Strophe 4 und Strophe 5.

So wird auch in der musikalischen Behandlung dieser Passage durch die direkte Übernahme des dominierenden motivischen Elements der Einleitung nicht der Eindruck vermittelt, als würden hier – wie in der Originalfassung der Dichtung vorgesehen – die Liebenden zueinander sprechen. Auffällig ist weiterhin, dass in der fünften Strophe (Takt 22f.) die Oktavparallelen in der linken Hand des Klaviers nicht in Entsprechung zu den halbtaktigen Intervallwechseln der Tremoli gesetzt wurden, sondern jeweils auf der zweiten und vierten Zählzeit: Die im Taktmaß frei schwebende Tremolobewegung als amorphe Klangfläche erhält also keinen metrischen Rückhalt gemäß dem Betonungsmuster eines 4/4-Taktes. Es erfolgt dementsprechend auch hier keine Vermittlung von Taktschwerpunkten in Analogie zum vorgegebenen Taktmaß, dem sich der deklamierte Textvortrag unterordnen würde.

3.3.3 Die Ausdrucksebenen Text und Musik bei Schumann

Die Eingriffe in das poetische Werk bei Schumanns *Die Flüchtlinge* op. 122 Nr. 2 – obgleich einem ebenso produktionsästhetischen Impuls geschuldet, wie die

Umgestaltungen der Textgrundlangen von Chor- und Liedballaden – und die musikalische Ausformung der entsprechenden Strophen lassen eine musikalische Auseinandersetzung mit der Dichtung erkennen, die sich absolut konträr zum Textumgang Schumanns in seinen chorsinfonischen Balladenvertonungen verhält: Wurde hier eine in ihrer poetischen Anlage dramatische Szene in eine epische Darstellung der dramatischen Situation überführt, so wurde in den Chorballaden doch gerade das epische Element der Dichtung zugunsten einer dramatischen Darstellungsweise der Handlungsebene zurückgedrängt, um eine publikumswirksame „dramatische Wirkung"[250] zu erzielen. Die Auflösung des episch dargestellten Geschehens in eine dialogische Abhandlung der Inhalte und die damit einhergehende Überwindung der epischen Distanz in den Chorballaden hat nun auch zur Folge, dass die Protagonisten als aktiv agierende und singende Figuren – den Erzähler eingeschlossen – in die musikalische Gestaltung der Ballade eingebunden werden. Der Sänger identifiziert sich mit seinem Gegenstand und bringt diesen in seiner Darbietung zum Ausdruck. So wird auch der Chor weitestgehend in den Handlungsablauf integriert[251] und erfüllt damit in einem Stück für den Konzertsaal die zeitgenössische Forderung nach einer dramatischen Behandlung des Opernchors:

> „Was den Chor betrifft, so bedingt er schon in der ganzen Anlage eine besondere Berücksichtigung. Das Volk oder irgend eine größere Gesammtheit, die hier mit in die Handlung gebracht wird, soll keine willenlose, unmündige Masse sein; der Chor nehme an der Handlung wirklichen Antheil, er soll nicht blos zuschauen, nicht zwecklos auf der Bühne erscheinen und wieder verschwinden, nicht als bloßer Nachtreter, Nachbeter und Accompagnateur irgend einer Solopartie benutzt und nicht wie die Statisten im Drama behandelt werden."[252]

Solosingstimmen und Chor treten in den Chorballaden also allein schon durch die formale Konzeption der Werke – wie von Brendel von einer Gesangskomposition erwartet wurde – nicht nur als „musikalische Instrumente" auf, sondern als „selbstbewußte Beherrscher [ihrer] Erregung"[253]. So wenig nun die melodische Behandlung der solistisch geführten Singstimmen und der chorischen Einwürfe dem ästhetischen Verständnis Brendels entspricht, so deutlich zeigt sich allein in der musikdramatischen Disposition der Werke, dass Schumann gerade mit

---

250 In: Brief von Schumann an Pohl vom Brief vom 10. Januar 1852; siehe S. 39.
251 Zur formalen Behandlung des Chores in den Chorballaden vgl. Jarczyk, *Die Chorballade im 19. Jahrhundert*, S. 63f.
252 Carl Amadeus Mangold, „Die neue Deutsche Oper", in: *NZfM*, Bd. 28 (1848), Nr. 27 (April), S. 159 (Hervorhebung original).
253 Brendel, „Die Melodie der Sprache", S. 19; siehe S. 75.

der deklamatorischen Melodieführung[254] eine inhaltliche Verdeutlichung des Textes bezweckte, die in ihrer direkten Abhängigkeit vom jeweiligen Sänger zum Ausdruck einer ‚subjektiven‘ Wahrnehmung wird. Und ebenso steht auch – wie gleichsam von Brendel eingefordert – die instrumentale Begleitung im Dienst der sängerischen Darbietung: Gesangsmelodie und Begleitsatz sind zwingend aufeinander bezogen, sind Ausdruck desselben Gefühlszustandes. Eine bereits zitierte Stellungnahme Hanslicks zum *Königssohn* op. 116 fasst diese unmittelbare Abhängigkeit nochmals zusammen:

> „In spröder declamatorischer Abhängigkeit folgt die Musik den Worten des Gedichts durch lange Strecken, ohne zu einer ausgeführten Melodie, einer geschlossenen musikalischen Form sich zusammenzufassen. Derlei rhetorische Halbmusik ist natürlich im ganzen Chor weit befremdender und unzulässiger, denn als Recitation Einer Stimme, wie bei R. Wagner."[255]

Gleiches gilt für die frühen Liedballaden der 1840er Jahre, wie anhand der kurzen Analyse von *Die beiden Grenadiere* op. 49 Nr. 1 gezeigt wurde.[256] Die Klavierbegleitung in der Manier eines Trauermarsches, die Vortragsanweisung „nach und nach bewegter", die zu einem „Schneller" gesteigert wird, die Einbindung der *Marseillaise* und nicht zuletzt die Dopplung melodischer Haupttöne im Klavier sind Zeugnis einer unmittelbaren Abhängigkeit der Begleitung vom gesungenen Textvortrag. Die instrumentale Ausformung „folgt den Worten des Gedichts"[257] und ist der gleichen Ausdrucksebene verpflichtet wie der Gesang.

In den drei Konzertmelodramen aber scheint vielmehr eine Entwicklung in der musikalischen Behandlung einer dichterischen Textvorlage ihren Kulminationspunkt erreicht zu haben, auf die Emanuel Klitzsch bereits für die Lieder der zweiten Periode und namentlich in Bezug auf die *Sechs Gesänge* op. 107[258] – fünf der sechs Nummern entstanden im Januar 1851, die Nr. 5 vor September 1851 – hinwies:

> „Es ist in diesen Gesängen weniger der reine Standpunct des Gesanges festgehalten als vielmehr Musik zu den Texten gegeben. Das specifische Element des Gesanges tritt vor dem andern, die Dichterworte durch eine Singstimme und Pianoforte musikalisch darzustellen, in den Hintergrund. Von diesem Gesichtspunkte aus betrachtet zeigen uns die vorliegenden sechs in Musik gesetzten Gedichte sowohl hinsichtlich ihrer musikalischen Auffassung als auch rücksichtlich ihrer formellen Gestaltung sehr interessante

---

254   Vgl. S. 45f.
255   Hanslick, *Aus dem Concertsaal*, S. 211 (Hervorhebung original); siehe S. 45.
256   Vgl. S. 30ff.
257   Hanslick, *Aus dem Concertsaal*, S. 211 (Hervorhebung original); siehe oben.
258   Vgl. Mahlert, „Die *Sechs Gesänge* op. 107", S. 165.

Tonbilder, die namentlich reich sind an einer prägnanten Charakterzeichnung, die überhaupt das vorwiegende Moment bildet. Ein oberflächlicher Sinn, dem freilich eine geistige Bedeutung der Tonkunst auch auf diesem Gebiete noch nicht aufgegangen ist, dürfte ihnen nur schwer beikommen. Sie wurzeln so recht eigentlich in Schumann'scher Gefühlsweise und wehen uns zarte Düfte zu aus dem Lande der Romantik, das uns der Meister in so vielen seiner Liedcompositionen in einer nur ihm eigenthümlichen Weise zu eröffnen versteht."[259]

Der Freund Schumanns kam in seiner Rezension der Werkgruppe zwar durchaus zu der Einschätzung, dass sich diese Gesängen divergent zu zeitgenössischen Präferenzen verhalten, doch ging er auch auf die von ihm als solche verstandene Ästhetik hinter den Kompositionen ein. Und diese „Schumann'sche Gefühlsweise"[260] stelle schließlich den eigentlichen Anspruch einer wahrhaften Erfassung der vertonten Dichtungen. Die Behandlung der Singstimme in diesen Gesängen wechselt auch hier in der von Brendel kritisierten Vielseitigkeit zwischen einem rezitativischen, *parlando*-artigen und sanglich melodiösen Habitus, der dem spezifischen textbedingten Ausdrucksmoment – den „Dichterworten"[261] – zustattenkommt. Der Klavierpart bildet dabei nicht mehr wie selbstverständlich auf struktureller Ebene eine Einheit mit der Singstimme und steht auch nicht allenthalben in einer affektiven Funktion zur sängerischen Darbietung:[262] Es wird „Musik zu den Texten gegeben" – die Dichtung „durch eine Singstimme u n d Pianoforte"[263] musikalisch dargestellt – und so die Geschlossenheit von Gesang und Begleitung aufgebrochen.

Die Klaviersätze der Konzertmelodramen scheinen also einer ästhetischen Ausrichtung zu folgen, die sich in den *Sechs Gesängen* op. 107 ankündigte und die sich bereits zuvor in einem musikdramatischen Werk, im „musikalische Theil"[264] des *Manfred* op. 115, herausgebildet hatte. Zur Beschaffenheit und Stellung der instrumentalen Ebene dieser Komposition hatte Schumann am 25. Dezember 1851 Liszt Folgendes wissen lassen:

---

259 Emanuel Klitzsch, „Kammer- und Hausmusik. Lieder und Gesänge", daraus: „Robert Schumann, Op. 107, Sechs Gesänge für eine Singstimme mit Begleitung des Pianoforte.", in: *NZfM*, Bd. 37 (1852), Nr. 16 (Oktober), S. 162.

260 Ebenda

261 Ebenda.

262 Vgl. dazu Mahlert, „Die *Sechs Gesänge* op. 107", S. 169–173.

263 Klitzsch, „Robert Schumann, Op. 107, Sechs Gesänge", siehe oben (Hervorhebung von Autorin).

264 In: Brief von Schumann an Liszt vom 5. November; siehe S. 65.

„In den melodramatischen Stellen, wo die Musik die Rede begleitet, braucht wohl nur das halbe Saitenquartett zu begleiten? Dies alles wird sich bei den Proben herausstellen.

Die Hauptsache bleibt natürlich immer die Darstellung der Rolle des Manfred; die Musik ist nur Folie, und wenn Sie dem darstellenden Künstler in Weimar die Bedeutung der hohen Aufgabe klar zu machen, etwas beitragen, so würde ich Ihnen sehr dankbar sein."[265]

Die Musik sei eine „Folie", der geistige Hintergrund der Dichtung, und nicht etwa das instrumentale Geleit und der musikalische Ausdruck der deklamierten Äußerungen des Manfred. Die Inhomogenität eines deklamierten Textvortrags und einer gleichzeitig erklingenden Musik wird in der Kompositionskonzeption gezielt eingesetzt, um eine durchgehend strukturelle und nur affektive Einheit der texttragenden Stimme und der musikalischen Eben zu vermeiden. Und in eben dieser Weise verhalten sich die freie Deklamation und der Klavierpart in den Konzertmelodramen Schumanns zueinander: Es zeichnet sich eine Verselbstständigung der Ausdrucksebenen ab, die schließlich auch die identischen Spielanweisungen der Originalausgaben „Diese Composition kann auch ohne Declamation als selbstständiges Clavierstück aufgeführt werden"[266] erklärt. Zwar rückt die Dichtung in den Vordergrund der Komposition, doch ist der Klavierpart nicht an den Textvortrag gebunden, sondern nur auf die Ballade in ihrer außermusikalischen Ursprünglichkeit und auf ihren Inhalt bezogen. Inwieweit sich hieraus eine tatsächliche Autonomie des Klavierparts ergibt, kann jedoch nur durch eine Analyse der Sätze herausgearbeitet werden.

Setzte Schumann im *Manfred* die freie Deklamation aber auch ein, um die Wahrhaftigkeit des Ausdrucks der Rolle des Manfred den Gesängen der Geistererscheinungen gegenüberzustellen, so scheint in den Konzertmelodramen die epische Distanz des deklamierten Vortrags zur eigentlichen Handlung im ästhetischen Ausdrucksinteresse Schumanns zu stehen. Eben diese epische Darstellungsweise als gattungsimmanentes Gestaltungselement der Ballade lag bei den Chorballaden der gleichen Schaffensperiode und bei den Liedballaden der 1840er Jahre – wie sowohl Textwahl und dramatisierende Umgestaltung der dichterischen Vorlagen als auch die musikalische Ausgestaltung derselben offenlegen – nicht im musikästhetischen Blickfeld des Komponisten.

---

265 Brief von Robert Schumann an Franz Liszt vom 25. Dezember 1851, in: Schumann, *Schumann Briefedition*, Serie II, Bd. 5, S. 174.

266 Siehe S. 58.

3.4 Der Klaviersatz: musikästhetische Verselbstständigung und musikalische Autonomie

„Noch habe ich zu einer andren Dichtung von Hebbel Musik geschrieben, zur Ballade ‚Schön Hedwig‘, aber nicht durchcomponirt, sondern als Declamation mit Begleitung des Pianoforte. Es macht in dieser Weise eine ganz eigenthümliche Wirkung."[267]

Im Dezember 1853 erwähnte Schumann van Bruyck gegenüber erstmals seine melodramatische Vertonung der Hebbel-Ballade *Schön Hedwig*. Wie ein Blick in die Klavierpartitur rasch offenbart, wollte er mit seiner Beschreibung der Musik zur Dichtung, dass diese „nicht durchcomponirt" sei, kaum andeuten, dass sich die musikalische Gestaltung im liedästhetischen Sinne mit jeder neuen Text-Strophe wiederholt: Tatsächlich erfährt jede Strophe eine individuelle Behandlung. Vielmehr schien er zum Ausdruck bringen zu wollen, dass die Ballade nicht durchgehend und immer tatsächlich ‚musikalisch‘, also in Gleichzeitigkeit von Musik und Text vertont wurde, sondern auch Passagen der unbegleiteten Deklamation in der Komposition vorgesehen sind. Diese erste kurze Stellungnahme Schumanns zu seinem ersten Konzertmelodram stützt also durchaus die bereits in der Untersuchung zur freien Deklamation angeklungene Annahme, dass auch Schumann selbst sein melodramatisches Schaffen – trotz eines vergleichbaren Umfangs der Werke mit einem durchkomponierten Lied – weniger im ästhetischen Wirkungsfeld des romantischen Klavierliedes ansiedelte, sondern viel allgemeiner als Kompositionen mit emanzipiertem Gattungsanspruch im Bereich der Vokalmusik auffasste. Einer Vokalmusik aber, die instrumentale Ebene und menschliche Stimme als Verbindung der Kunstformen Musik und Poesie als gleichberechtigte Ausdrucksebenen nebeneinander bestehen lässt.

Gerade aber die Tatsache, dass sowohl *Schön Hedwig* als auch die *Zwei Balladen* op. 122 nicht durchgehend ‚musikalisch‘ gestaltet sind – am wenigsten trifft dieses Charakteristikum auf *Die Flüchtlinge* zu –, führte in der Forschung zu Missverständnissen in der Bedeutung und Auslegung der Spielanweisungen, dass die jeweiligen Klaviersätze der Kompositionen auch ohne den deklamierten Textvortrag gespielt werden könnten:[268] Weil der *Haideknabe* von den drei

---

267   Brief von Schumann an van Bruyck vom 17. Dezember 1853 (erste Antwort auf ersten Hebbel-Texte Brief), in: Robert Schumann, Heinrich-Heine-Institut Düsseldorf, Akzessions-Nr.: 78.5041; gedruckt in und zit. nach Federhofer-Königs, „Ein Schumann-Verehrer aus Wien", S. 254.

268   Vgl. Peter Andraschke, „Zwei Balladen für Deklamation mit Klavierbegleitung op. 122", in: hrsg. von Helmut Loos, *Robert Schumann. Interpretationen seiner Werke*, Laaber 2005, Bd. 2, S. 262.

Werken am „dichtesten"[269] komponiert sei, wäre der aufführungspraktische Vorschlag auch für dieses Konzertmelodram am ehesten nachvollziehbar. Zwei Einwände sind zunächst gegen diese Argumentation zu erheben. Zum einen ist der *Haideknabe* nicht am „dichtesten", sondern vielmehr motivisch am prägnantesten komponiert. Zum anderen haben die Überlegungen zur freien Deklamation gezeigt, dass hinter allen drei Werken – unabhängig vom klanglichen Resultat einer nur pianistischen Darbietung – die gleiche Idee einer ästhetischen Verselbstständigung des Klaviersatzes trotz der simultanen Ausrichtung und der gleichzeitigen Bezugnahme zu einem Textvortrag steht. So erweist sich auch die Frage, ob Schumann den Spielhinweis explizit für die Drucklegung der *Zwei Balladen* befürwortete,[270] als hinfällig.

Inwieweit der Gedanke einer gewissermaßen gesonderten kompositorischen und ästhetischen Verantwortlichkeit der verbalen und instrumentalen Ausdrucksebenen auch mit einer musikalischen Autonomie des Klavierparts einhergeht – die von der aktuellen Forschung als alleiniges Kriterium für die oben dargestellte Bewertung des *Haideknaben* herangezogen und mit dem Attribut einer musikalischen Dichtheit gleichgestellt wurde –, soll die vergleichende Analyse der Klaviersätze klären. Im Zentrum des Interesses steht dabei nach wie vor die Frage, wie Musik und Text kompositorisch interagieren. Um zunächst erfassen zu können, ob der Klavierpart tatsächlich nicht allein den Zweck erfüllt, „den Ausdruck des Sprechen zu verstärken"[271], sondern gerade in ästhetischer Autozentriertheit an der kompositorischen Ausformung der Dichtung partizipiert, müssen freilich auch in diesem analytischen Vorhaben weitere semantische Bezugsrahmen abgesteckt werden: Die Ermittlung inhaltlich korrespondierender Passagen von Text und Musik legt offen, in welchem Maße der Klaviersatz – frei von metrischen Interdependenzen – dennoch in kompositorischer Abhängigkeit dem deklamierten Textvortrag in rhetorisch oder inhaltlich stützender Gebundenheit, unter Umständen gar in einer narrativen Relativität dem Balladentext folgt. Um darüber hinaus zu klären, ob mit einer ästhetischen Verselbstständigung des Klaviers auch eine musikalische Autonomie der Begleitung einhergeht, muss zudem verstärkt die Abhängigkeit der musikalischen Form von der poetischen Anlage der Dichtung ins Auge gefasst werden: Eine musikalische Eigenständigkeit zeigt sich gerade in solchen Wendungen, die augenscheinlich in keiner strukturellen

269 Ebenda.
270 Siehe S. 58.
271 Schilling, Art. „Melodram", S. 650; siehe S. 10.

Abhängigkeit zur poetischen Disposition stehen und satztechnisch emanzipierte Formen herausbilden.

3.4.1 Modelle qualitativer Eigenständigkeit in *Schön Hedwig*

Ein wesentliches Elemente der musikalischen Gestaltung der Klaviersätze ist bereits genannt worden: In den Konzertmelodramen verwendete Schumann häufig kurze musikalische Modelle, die nicht unmittelbar zu einer mehrtaktigen periodischen Form entwickelt werden, die aber gleichwohl Stimmungsmomente vermitteln und denen ein bestimmter Assoziationsgehalt innewohnt. Diese Beschaffenheit ergibt sich in letzter Konsequenz aus der Simultanität von Textdarbietung und Musik in den entsprechenden Passagen. Der deklamierte Textvortrag rückt als eigenständige Ausdrucksebene in den Vordergrund und fordert damit ein hohes Maß der „getheilten Aufmerksamkeit"[272] des Zuhörers ein. Das bewusste Nachvollziehen periodischer Entwicklungen oder gar eines motivisch-thematischen Kompositionsverfahrens stellt damit schlicht eine nahezu unleistbare Herausforderung an den Rezipienten dar oder würde dem Anspruch einer Textverständlichkeit oder auch Textzentriertheit zuwider laufen.[273] Umso auffälliger fallen bei dieser durchaus kargen musikalischen Gestaltung der textbegleitenden Passagen die rein instrumentalen Vorspiele von *Schön Hedwig* und der Vertonung von *Die Flüchtlinge* ins Auge. Letztere Einleitung fand bereits Erwähnung und wurde in ihrer harmonischen Stabilität und metrischen Festigkeit vor dem Einsetzen des Textvortrages hervorgehoben.[274]

Das Vorspiel zu op. 106 – wie bereits dargelegt ist die erste Textstrophe auf dem Schlussakkord mit Fermate diesem zuzurechnen[275] – bildet in der musikalisch dichten Gestaltung, der harmonischen wie metrischen Beständigkeit und der formalen Geschlossenheit einen vergleichbaren Gegenpol zu den Abschnitten der Komposition, in denen Musik und Text simultan auftreten (Notenbeispiel 6).

---

272 Spitta, *Zur Musik*, S. 232; siehe S. 67.
273 Vgl. dazu Nöther, *Als Bürger leben, als Halbgott sprechen*, S. 40.
274 Siehe S. 77f.
275 Siehe S. 77.

Notenbeispiel 6: Vorspiel *Schön Hedwig,* Takt 1 bis 11.

Bemerkenswert ist weiterhin, dass dieses Vorspiel mit seinen 27 Takten über ein Viertel des Werkes einnimmt, jedoch nur der musikalischen Ausformung und dem deklamierten Vortrag einer der zwölf Strophen dient. Die verbleibenden elf Strophen hingegen werden über nur 69 Takte mit einem abschließenden Nachspiel musikalisch behandelt. Das Vorspiel greift bereits die feierliche Grundstimmung der Balladendichtung auf; und da diese auch in der dichterischen Vorlage beibehalten und keiner aktionsträchtigen Entwicklung unterworfen wird, scheint die verhältnismäßige Ausdehnung und die Vermeidung eines Spannungsaufbaus die inhaltliche wie strukturelle Gleichförmigkeit der Ballade vorwegzunehmen: Ein periodisch aufgebautes Thema wird als Struktureinheit vorgestellt und im weiteren Verlauf in einen Mittelteil und eine Coda geführt. Obgleich sich aber gerade in diesem Teil der Komposition der in Frage stehende Untersuchungsgegenstand einer musikalischen Autonomie des Klavierparts bekräftigend darstellt, sah Pohl gerade in dieser Anlage einen gravierenden ästhetischen Missstand: Indem die

Musik in diesem Abschnitt „zu stark hervortrete"[276], würde das Melodram seinem Anspruch eines „vereinigenden Charakters"[277] der Kunstformen Musik und Poesie nicht gerecht. So forderte er für das melodramatische Genre eine „Symmetrie"[278] der Künste, in der die Verhältnisse zwischen Musik und Deklamation auch in ihrer zeitlichen Dimension gleichrangig erscheinen.

Wie im Vorspiel der Shelley-Ballade und ebenso in dem des *Haideknaben* etabliert sich auch in *Schön Hedwig* bereits in dieser einleitenden Passage der Komposition die Tonika. Darüber hinaus wird in allen drei Werken gleich zu Beginn ein Motiv eingeführt, das im weiteren Verlauf des jeweiligen Melodrams stets präsent bleibt: die Tremolobegleitung als amorphe Klangfläche in *Die Flüchtlinge*, der chromatisch angereicherte h-Moll-Gang abwärts in der *Ballade vom Haideknaben* (Notenbeispiel 13) und das punktierte Achtelmotiv, vorwiegend als Intervallsprung aufwärts, in *Schön Hedwig*. In op. 106 findet dieses charakteristische Motiv so auch im unmittelbaren Anschluss an das Vorspiel in der musikalischen Ausformung der zweiten Strophe Verwendung. Diese stellt außerdem in ihrer kompositorischen Behandlung eine erkennbare, musikalisch geschlossene Einheit ohne ein zwischenzeitliches Pausieren des Klaviers dar. Damit bleibt die Vertonung dieser Strophe mit einem melodisch und harmonisch geschlossenen Bogen die Ausnahme (Notenbeispiel 7).

---

276 Pohl, „Die Leipziger Tonkünstler-Versammlung", Nr. 19 (November), S. 157.
277 Ebenda.
278 Ebenda.

Die Beschreibung der reinen und tugendhaften Hedwig findet ihre klangliche Manifestation in einem sequenzierten lyrischen Melodiefragment, das sich das nunmehr in eine Triole überführte punktierte Motiv der Einleitung einverleibt (Takt 28 bis 31). Dieser musikalische Gedanke, zunächst noch durch eine akkordisch pulsierende Begleitung der linken Hand gefestigt, kann jedoch durch die gleichförmige und fließende Gestaltung auch in der lyrisch geschlossenen Weiterführung (Takt 31 bis 37) ohne eine gezielte musikalische Wahrnehmung vom Zuhörer identifiziert werden. So verliert das Motiv bereits in Takt 32 seinen thematischen Charakter und wird zu einem Begleitmotiv melodischer Haupttöne auf dem Modulationsweg nach e-Moll transformiert. Zugleich stellt diese

Form der musikalischen Gestaltung durch ihre metrische Simplizität in der Koordination von Text und Musik auch ohne eine rhythmisch fixierte Deklamation überwindbare Ansprüche an die Interpreten: Eine für Schumann typische rhythmische Gegenläufigkeit der Stimmen, die eine differenzierte Harmonisierung mit dem deklamierten Textvortrag notwendig gemacht hätte, findet sich in dieser Passage des Klaviersatzes nicht.

Das kurze melodische Versatzstück taucht in variierter Form, aber erneut in Kombination mit dem punktierten Achtelmotiv der Einleitung, noch in einer weiteren Passage der Komposition auf (Takt 59f.): Hedwig antwortet in der sechsten Strophe der Ballade auf die zweite vom Ritter an sie gerichteten Frage, wohin sie gehe (Notenbeispiel 8). Das kurze melodische Motiv erscheint also klar mit einer an Hedwig gekoppelten assoziativen Konnotation behaftet, ohne jedoch in offenkundige Narrativität abzudriften. Schumann orientierte sich also in der formalen Gestaltung zwar an der poetischen und strophischen Anlage der Dichtung, musikalische Bezüge subkutaner Art ergeben sich aber aus inhaltlichen Zusammenhängen. Es liegt folglich keine traditionelle Strophenform in der Komposition vor, da Form und Gestaltung musikalischer Gedanken auf inhaltliche Entsprechungen der unterlegten Verse zugeschnitten wurden, also auf die nächst kleinere Ebene der Dichtung Bezug nehmen. Die inhaltlichen Sinnabschnitte in strophischer Gliederung, zumal in klar umrissenen und regelmäßigen Chevy-Chase-Strophen[279] ausgearbeitet, dienen so durchaus als strukturelle Leitfäden für die Faktur des Klaviersatzes; gleichzeitig wirkt aber auch die Semantik des Textes richtungsweisend für die Wahl der musikalischen Mittel und damit auch für die formale Anlage der Komposition.

---

279 Vgl. S. 60.

Notenbeispiel 8: Schön Hedwig, Takt 54 bis 63, letzter Vers Strophe 5, Strophe 6, Anfang Strophe 7 (Abschnitt 3).

Von einer rhapsodischen Disposition kann in *Schön Hedwig* op. 106 dennoch kaum die Rede sein. Über die Pausen des Klavierparts hinweg und strophisch übergreifend ergeben sich konstruktive Korrespondenzen, harmonisch und melodisch eindeutig aufeinander bezogene Abschnitte, die so den Eindruck einer periodischen Form oder zumindest einer musikalischen Konstruktivität und eines immanenten musikalischen Zusammenhangs vermitteln. Als Beispiel kann hier die kompositorische Verwendung des punktierten Einleitungsmotivs dienen, das nach der lyrischen Einlage der zweiten Strophe für die musikalische Ausformung der dritten Strophe erstmals als motivisches Destillat auftaucht.[280] Nach einer mit einer Fermate versehenen eintaktigen Pause des Klaviers wird das motivische Material in abermals reduzierter Darstellung für die Gestaltung

---

280   Vgl. dazu 72f.

der vierten Strophe wieder aufgriffen (Notenbeispiel 9). Die erste Phrase, die sowohl dem letzten Vers der dritten Strophe als auch dem ersten Vers der vierten Strophe zugewiesen ist (Takt 40 bis 45), endet auf einem Cis^7-Akkord, der aber im Sinne der periodischen Stagnation nicht unmittelbar aufgelöst wird. Stattdessen verliert sich die aufgebaute harmonische Spannung zunächst in einem Leertakt mit Fermate. Die folgende Phrase ab Takt 46 greift dann nicht nur die motivische Basis der ersten Phrase, sondern auch deren Schlussakkord auf, der nun in Takt 47 tatsächlich eine unmittelbare harmonische Auflösung nach fis-Moll erfährt. Die motivische Gestaltung dieses Taktes rekurriert dabei nach wie vor auf den zweiten Takt der ersten Phrase. Takt 48 führt schließlich zu einem nunmehr tonikalen Cis-Dur Akkord in Grundstellung zurück (Takt 49).

Notenbeispiel 9: *Schön Hedwig*, Takt 40 bis 52, Ende Strophe 3, Strophe 4 und Anfang Strophe 5.

Die subtile musikalische Korrespondenz in einer strophischen und damit strukturellen Inkongruenz zum dichterischen Text steht in gewisser Weise ambivalent zu einer liedästhetisch vorgeprägten Hörerwartung, die doch für jede Balladenstrophe eine Vertonung in harmonischer und melodischer Abgeschlossenheit vorsieht.[281] Die formale Konzeption dieser Passage scheint also an klassische Traditionen des Themenbaus anzuknüpfen, doch im gleichen Augenblick werden mit der Ausdehnung und Verwendung des musikalischen Materials über zwei Strophen hinweg diese Traditionen wieder verlassen.

Auf diese Weise aber steht die Musik keineswegs in einer rhetorisch stützenden, verstärkenden oder gar doppelnden Abhängigkeit zum Text, sondern behält ihren autonomen Charakter – wenngleich die kompositorischen Mittel über die Takte hinweg dünngesät sind und die Musik nicht in gleicher oder auch nur in vergleichbarer akustischer Präsenz wie der deklamierte Textvortrag in Erscheinung tritt. Dem von Hanslick in Bezug auf die melodramatisch vertonten Hebbel-Balladen konstatierten Verzicht auf die eigene „Körperlichkeit"[282] der Musik, um „wie ein Schatten bald leichter, bald dunkler den Gestalten des Dichters"[283] zu folgen, kann somit – zumindest für *Schön Hedwig* – nicht zugestimmt werden: Zum einen ist eine musikalische Konstruktivität deutlich erkennbar, zum anderen tritt der Klavierpart nicht textillustrierend oder gar tonmalerisch hervor.

Weiterhin wird in dieser Passage der Komposition offensichtlich, dass die dichterische Darstellungsweise der jeweiligen Strophe keinen Einfluss auf die musikalische Entwicklung nimmt: Wird die dritte Strophe noch aus einer Erzählhaltung heraus geschildert, so formuliert in der vierten Strophe der Ritter seine drei Fragen an Hedwig. Musikalisch aber gehören diese Strophen unabhängig von einer Darstellungsebene der Ballade zusammen und zeigen in der Wahl der kompositorischen Mittel keine bezeichnenden Unterschiede. Es scheint also in der qualitativen Eigenständigkeit des Klaviersatzes nach wie vor eine auf den Inhalt der Ballade bezogene atmosphärische Darstellung im Ausdrucksinteresse Schumanns zu liegen.

In den Chorballaden und besonders anschaulich in *Des Sängers Fluch* op. 139 hingegen werden trotz vorwiegend nahtloser Übergänge und trotz der ästhetischen Forderung nach einer Auflösung der grundlegenden Formteile Rezitativ und Arie deutliche Unterschiede in der instrumentalen Begleitung zwischen den einzelnen Nummern erkennbar. Die jeweilige Gestaltung des Orchestersatzes verdankt sich jedoch nicht allein inhaltlichen Kriterien, sondern gerade auch den dichterischen Darstellungsebenen. Das epische Moment der Ballade *Des Sängers Fluch* wurde durch die Umarbeitung der Textvorlage zugunsten einer dramatischen Darstellungsweise zurückgedrängt und das lyrische Element durch

---

281 Der Zusammenschluss zweier Gedichtstrophen wie in *Die beiden Grenadiere* läuft dieser Hörerwartung selbstredend nicht zuwider, vgl. S. 30.

282 Hanslick, *Aus dem Concertsaal*, S. 106; siehe S. 17.

283 Ebenda.

den Einschub verschiedener Dichtungen und Verse Uhlands angereichert. Den Liedern von Harfner und Jüngling (Nr. 4, Nr. 7, Nr. 8 ab T. 26, Nr. 9 und Nr. 11) wird so in ihrer lyrischen Geschlossenheit die Funktion einer Arie übertragen, während die jeweils vorangestellten und einleitenden Stücke eher den formalen Prinzipien eines Rezitativs und damit einer dramatischen Darstellung der Inhalte folgen (Nr. 3, Nr. 6 und Nr. 8). Dieser Eindruck wird nicht nur durch die rezitativische Melodieführung der jeweiligen Singstimme erweckt, sondern auch durch die nur kurzen akkordischen Einwürfe der Streicher, durch fortwährende Modulationen und die damit einhergehende nur vage Funktionsbezogenheit auf die jeweilige Tonika.[284] Im Ganzen betrachtet kann der musikalischen Ausgestaltung der orchestralen Begleitung in diesen Passagen eben keine qualitative Eigenständigkeit abgerungen werden.

Diese Abhängigkeit der musikalischen Gestaltung der Begleitung von der dichterischen Vorlage offenbart sich bereits im instrumentalen Vorspiel von op. 139. Während im Konzertmelodram *Schön Hedwig* gerade das Vorspiel in seiner metrischen Beschaffenheit einem regelmäßigen Betonungsmuster des 4/4-Taktes unterworfen wird, kündigt sich in der Gestaltung der Einleitung von *Des Sängers Fluch* – wie in den bereits analysierten zwei Takten, die dem Einsatz der Singstimme in *Die beiden Grenadiere* op. 49 Nr. 1 vorangestellt wurden[285] – eine deklamatorische Kompositionsweise an: Auch hier setzte Schumann harmonische, melodische, instrumentale und dynamische Akzente gegeneinander und in Opposition zum Taktmaß auf metrisch unbetonte Zählzeiten. Das elftaktige, periodisch aufgebaute Vorspiel bereitet so in der Melodieführung der ersten Posaune nicht nur den Einsatz der Singstimme in Takt 12 vor, sondern nimmt zudem in Takt 5 als rein instrumentale Ausführung die deklamatorische Gebärde des Textvortrags in Takt 16 (Notenbeispiel 10) vorweg.

---

284 Vgl. dazu Jarczyk, *Die Chorballade im 19. Jahrhundert*, S. 62f.
285 Siehe S. 32f.

Notenbeispiel 10: Sängers Fluch, Klavierauszug nach Michael Jarczyk, Takt 15 bis 20, Strophe 1, Ende Vers 1 und Vers 2.

Nach Vortrag des ersten Verses von Takt 12 mit Auftakt bis Takt 15, folgt ab der dritten Zählzeit von Takt 15 der zweite Vers. Die erste Silbe „weit" stellt im jambischen Versmaß eine Senkung dar, wird aber über den Melodieakzent auf dem bis dato höchsten Ton des Themas d^2, über einen harmonischen Wechsel von fis-Moll nach D-Dur (als Überleitung zur parallelen Durtonart A-Dur) sowie eine dynamische Betonung und instrumentale Verstärkung (die punktuellen Einsätze des Fagotts und der Hörner werden in Notenbeispiel 10 nicht umgesetzt) auf der im Taktmetrum relativ unbetonten dritten Zählzeit inhaltlich hervorgehoben.[286]

Da nicht tatsächlich deklamiert wird, bemüht sich die orchestrale Begleitung also bereits im Vorfeld um die Vermittlung metrischer Ungebundenheit zugunsten eines auf den Textinhalt bezogenen, deklamatorischen Duktus im Gesang und um einen theatralisch-deklamatorischen Habitus: Musik und Text sind dem gleichen Gefühlsausdruck verpflichtet. Die kompositorische Anbindung der instrumentalen Begleitung steht zudem eindeutig in einem rhetorisch stützenden Verhältnis zur gesungenen Textdarbietung.

3.4.2 Atmosphärische und formale Geschlossenheit in *Die Flüchtlinge*

Dass sich das vorwiegende Begleitmodell in der Vertonung der Shelley-Ballade *Die Flüchtlinge* – Tremoli über verschiedene Intervalle in der linken und rechten Hand in Verbindung mit Oktavparallelen als amorphe Klangfläche – einer rhetorisch stützenden Funktionsweise verschließt und der atmosphärischen Schilderung des Szenarios dient, fand bereits Erwähnung.[287] Doch auch in dieser Komposition gilt es, weitere inhaltliche und strukturelle Bezugsrahmen der musikalischen Ausformung abzustecken, um den Klavierpart auf seine musikalische Eigenständigkeit hin bewerten zu können.

Im ersten Abschnitt, der mit dem ersten Teil der Dichtung korrespondiert,[288] folgt die musikalische Gestaltung noch strikt der strophischen Gliederung der Dichtung: Der letzte Vers jeder Strophe, um eine Silbe zur jeweils abschließenden Waise „Fort, fort, fort!" erweitert, wird immer in kadenzierenden Akkordschlägen des Klaviers vertont, die so auch für eine formale Orientierung des Rezipienten förderlich sind. Mit den Texteingriffen im zweiten Abschnitt der Dichtung wird jedoch nicht nur die epische Distanz zur vorgetragenen Handlung aufrecht erhalten und damit auch die durchaus diskutable Gelegenheit eines formalen Einschnitts durch markante Veränderung in der Klavierbegleitung umgangen.[289] Auch die poetische Faktur der Ballade gerät in ein Ungleichgewicht, wodurch sich die ohnehin schon gesteigerte Unregelmäßigkeit der Verse[290] nun merklich einer Prosa annähert. Außerdem wird die klare Strophengliederung des

---

286 Vgl. dazu ausführlich Jarczyk, *Die Chorballade im 19. Jahrhundert*, S. 66–73.
287 Siehe S. 77f.
288 Siehe S. 78.
289 Siehe S. 80.
290 Siehe S. 60.

Abschnitts mit dem Streichen der beschließenden Waise von Strophe vier nicht mehr scharf umrissen.[291] Dementsprechend ist auch eine strophische Orientierung in der Gestaltung des Klaviersatzes in dieser Passage nicht auszumachen: Die verbleibenden Waisen der fünften und sechsten Strophe (Takt 26, Notenbeispiel 5 und Takt 30 bis 31) – wie im Original Shelleys und in der Übersetzung von Julius Seybt jeweils zweihebig und anstelle eines Hebungspralls unter Füllungsfreiheit gedichtet, wodurch der Refraincharakter hier weniger stark ausgeprägt erscheint[292] – werden hier im Gegensatz zu den kadenzierenden Akkordschlägen des ersten Abschnitts nicht nachdrücklich musikalisch hervorgehoben. Die Klavierbegleitung verläuft ohne erkennbare Einschnitte und mündet in Takt 27 schließlich in einem getragenen Melodiefragment der linken Hand (bis Takt 33) unter Tremoli der rechten Hand (Notenbeispiel 11).

---

291 Siehe S. 80.
292 Siehe S. 60.

Notenbeispiel 11: Die Flüchtlinge, Takt 27 bis 46, Strophe 6 bis Mitte Strophe 9.

Der Schlussakkord der melodischen Basslinie in Oktavdopplung leitet jedoch in seiner harmonischen Ausgestaltung als Dominantseptakkord mit kleiner None auf D-Dur direkt in die Vertonung des dritten Teils der Dichtung über (Takt 33): Ein eintaktiges, sangliches Motiv in *legato*-Achteln erklingt und wird wiederholt, bevor die Deklamation erneut über der amorphen Klangfläche des Oktavtremolos mit Fermate auf D_1 der linken Hand einsetzt. Es folgt eine zweitaktige Pause des Textvortrags, in der das sangliche Motiv zweimal über einem Tremolo – das nachgelieferte G_1-Fundament löst hier die harmonische Spannung auf – sequenziert aufgriffen wird. Erneut leitet das *legato*-Motiv in einen Tremolotakt, nun auf $G_{1,}$ mit gleichzeitig erklingendem Textvortrag der letzten drei Verse der siebten Strophe über. Auch für die musikalische Ausformung der achten Strophe behält Schumann den lyrischen Tonfall dieses Abschnitts bei, der damit als atmosphärische Grundstimmung das intime Gespräch der beiden Fliehenden prägt und zur vorangegangenen musikalischen Zeichnung des schaurig-unheimlichen Balladentopos kontrastiert. Dennoch gelingt über die motivische und harmonische Korrespondenz ein direkter Anschluss an die vorangegangene Gestaltung der Komposition, sodass wie in *Schön Hedwig* die Form nicht in affektive Teilstücke auseinanderbricht. Auch werden die abschließenden Waisen der Strophen sieben und acht nicht auf hervorstechende oder individuelle Art vertont (Takt 38 und 41 bis 42): Wiederum sind diese zweihebig, doch wird die Verringerung eines Refraincharakters durch die abermals gesteigerte Füllungsfreiheit weiterhin forciert.[293] Für die musikalische Ausformung des letzten Verses von Strophe acht entwickelte Schumann das sangliche Motiv zu einer nachvollziehbaren lyrischen Schlussformel in F-Dur mit kleiner Septime, die allerdings sogleich über eine Dominantverkettung – über B-Dur und einen verkürzten Dominantseptakkord mit kleiner None auf *e* – zu einem akzentuierten A-Dur-Akkord auf der zweiten Zählzeit von Takt 45 weitergeführt wird.

Sowohl in der englischen Dichtung Shelleys als auch in der Übersetzung von Seybt setzt sich der dritte Abschnitt der Ballade, wie die ersten beiden und der letzte Teil, ebenfalls aus drei Strophen zusammen. Die neunte und damit letzte Strophe dieser Einheit lautet:

While around the lashed Ocean,	Wie wankende Berge
Like mountains in motion,	Das Meer, sturmumwettert,
Is withdrawn and uplifted,	Wird gewälzt und gehoben,
Sunk, shattered and shifted	Zerklüftet, zerschmettert,
To and fro.	Sonder Ruh.

---

293   Siehe S. 60.

Für seine Vertonung der Dichtung aber verzichtete Schumann auf einen deklamierten Vortrag dieser Strophe, in der sich die Katastrophe konkretisiert und die stürmische See nach dem Gespräch der Liebenden wieder in den Vordergrund gerückt wird. Diese Strophe scheint so mit der vormals musikalisch vermittelten lyrischen Grundstimmung des dritten Abschnitts nicht vereinbar, was die Ausklammerung vordergründig nachvollziehbar macht. Entscheidend wirkt aber, dass der Zuhörer über den Ausgang der Flucht zunächst in Ungewissheit gelassen wird und sich über die Zäsur auf A-Dur von Takt 45 auf 46 eine zuversichtliche Spannung aufbaut, die sich in suggestiver Erwartung der Katastrophe bis zum Ende der Komposition zieht.[294] Erst im viertaktigen Nachspiel, nachdem also geschildert wurde, wie der Vater der Flüchtigen seinen Fluch ausspricht, greift das Klavier erneut die stürmischen 32tel-Läufe der Einleitung auf und kadenziert nach d-Moll. Dieser musikalische Epilog kann so gewissermaßen als nachträgliche Abhandlung der neunten Strophe gewertet werden – der Zuhörer erahnt nun den katastrophalen Ausgang der Flucht –, über die das Werk sowohl zu einer atmosphärischen Geschlossenheit gelangt als auch eine formale Rundung erfährt. Damit erfüllt dieses Nachspiel dieselbe Funktion wie das von op. 106: Auch hier wird im Klaviersatz das Fanfarenmotiv der Einleitung wieder aufgegriffen, zur Tonika D-Dur kadenziert und so nicht nur die feierliche Grundstimmung der Dichtung musikalisch zu einem Abschluss geführt, sondern auch die formale Geschlossenheit eines Satzes angedeutet. Auch Richard Pohl wies in seiner Besprechung von op. 106 den Vorwurf einer Formlosigkeit anhand dieser Kompositionsdisposition – obgleich er Vor- und Nachspiel nach wie vor für „etwas zu weit ausgesponnen"[295] erachtete – entschieden zurück.

3.4.3 Lineare Orientierung und rhapsodischer Charakter in der *Ballade vom Haideknaben*

Die Vertonung der *Ballade vom Haideknaben* nimmt in zweierlei Hinsicht eine gesonderte Position in der Ausschöpfung der melodramatischen Kompositionsmittel ein. Die Ursache hierfür hängt jedoch unmittelbar mit der strukturellen Beschaffenheit der balladischen Textvorlage sowie ihrer aktionsträchtigen, inhaltlichen Gestaltung zusammen. Zum einen fällt auf, dass sich der Klaviersatz an keiner strophischen Gliederung der Dichtung orientiert. Zum anderen sticht ins Auge, dass die Palette der kompositorischen Mittel

---

294   Vgl. S. 64.
295   Pohl, „Die Leipziger Tonkünstler-Versammlung", Nr. 20 (November), S. 171.

in der musikalischen Ausformung der Ballade wesentlich breiter aufgestellt ist, als noch in *Schön Hedwig* und *Die Flüchtlinge*: Neben den mit Fermaten versehenen Leertakten des Klavieres, in denen allein die Deklamation als klangliches Ereignis in den Vordergrund gerückt wird (beispielsweise in Takt 7, 26 und 53), findet sich auch ein strophisch übergreifender Abschnitt, in dem Akkorde nur halbtaktig erklingen (Takt 44 bis 51). Hinzu treten Takte, die nur von kurzen Akkordschlägen eingenommen werden (Takt 9, 52 und 54) sowie amorphe Klangflächen in Gestalt einer Tremolobegleitung (Takt 74 bis 77 und Takt 96 bis Ende). Außerdem können drei längere Passagen ausgemacht werden, die neben dem Vorspiel – und auch unter Berücksichtigung der texttragenden Passagen in op. 106 und op. 122 Nr. 2 – tatsächlich eine vergleichsweise „dichte"[296] musikalische Gestaltung in Achtelketten aufweisen (Takt 29 bis 43, Takt 59 bis 73, es folgt der Abschnitt, in dem die Achtelläufe zu einem Tremolo gesteigert werden, und Takt 78 bis 88). Während erstere Beobachtung auf die prosanahe Anlage der Dichtung rekurriert,[297] die eine strukturelle Orientierung abwegig erscheinen lässt, weist bereits der Farbenreichtum des Klaviersatzes darauf, dass Schumann bei der Konzeption dieses Werkes an einer punktuellen Charakterisierung des dramatischen Handlungsablaufes gelegen war. Die musikalische Gestaltung scheint sich weder klangausdeutender, noch eindeutig illustrativer Bezüge zu verschließen: Die Schlusskadenz nach B-Dur verweist beispielsweise eindeutig auf die versöhnliche Botschaft der Taube. Auch die Akkordschläge vom verkürzten Dominantseptakkord mit kleiner None in harmonischer Auflösung nach fis-Moll in Quartsextstellung zur Textstelle „da rüttelt ihn der Meister" (Takt 9) charakterisieren treffend das plötzliche Aufschrecken des Knaben aus seinem Traum. In Takt 24 und 25 erklingt unter dem in der Einleitung vorgestellten, chromatisch angereicherten h-Moll Gang erstmals ein Oktavtremolo in der linken Hand des Klaviers (Notenbeispiel 12).

---

296 Vgl. Andraschke, „Zwei Balladen für Deklamation mit Klavierbegleitung op. 122", S. 262; siehe S. 85f.

297 Siehe S. 61.

Notenbeispiel 12: Ballade vom Haideknaben, Takt 24 bis 26, Ende Strophe 6 und Strophe 7.

Winde darüber sausend

„Ach wär hier ein Schritt wie tausend!" Und Alles so still, und Alles so stumm, man sieht sich umsonst nach Lebendigen um,

Nur hungrige Vögel schiessen aus Wolken, um Würmer zu spiessen. Er

Während das Tremolo als tonmalerisches Gestaltungsmittel zur Darstellung der sausenden Winde in der Heide einen kausalen Bezugspunkt findet, rekurriert die rechte Hand mit der Verwendung des Einleitungsmotivs auf die Angst des Knaben in Erwartung seiner bevorstehenden Ermordung unter dem Weidenbaum. Das Motiv wird bereits im kurzen Vorspiel mit dieser semantischen Konnotation aufgeladen, indem es als klangliche Manifestation des mörderischen Traumes der Deklamation der ersten Strophe vorangestellt wird (Notenbeispiel 13) – eine Verknüpfung, die für den Zuhörer freilich erst durch die weitere kompositorische Einbindung des motivischen Materials erkennbar wird:

Notenbeispiel 13: Ballade vom Haideknaben, Takt 1 bis 6, Vorspiel und Anfang Strophe 1.

Der Knabe träumt, man schicke ihn fort mit dreissig Thalern zum Haideort, er

Der chromatische Gang findet in sequenzierter, variierter und in seiner originalen Gestalt nur zur musikalischen Ausformung jener Passagen der Dichtung Verwendung, in denen der Knabe von seinem Traum und seiner Angst berichtet oder in denen sich das drohende Unheil im Handlungsablauf konkret ankündigt (beispielsweise in Takt 10, 17, 21, Takt 33 bis 41 und Takt 59 bis 73). Als es jedoch zur Tat kommt, der Knecht sein Messer zieht und der Traum des Knaben in die Realität gekehrt wird, erklingt das Motiv nicht. Stattdessen weicht der chromatisch angereicherte Achtelabstieg einem diatonischen Achtelmotiv in metrischem Gleichklang zwischen Deklamation und Klavierpart, das schließlich zu einer Verkettung von Septakkordschlägen in Achteln gesteigert wird und in einer dramatischen Zäsur auf einem verkürzten Dominantseptakkord mit kleiner None in Quartsextstellung zur Tonika h-Moll kulminiert (Takt 78 bis 89, erste Zählzeit). Der Vortrag der Strophe 19, in der das retardierende Moment vermittelt wird,[298] erfolgt so in der spannungsgeladenen Stille des verbleibenden Leertaktes (Takt 89).

In dieser Passage offenbart sich, dass Schumann für seine Vertonung der Ballade einen konkreten Kompositionsplan verfolgte, der sich jedoch erst bei näherer Betrachtung des Werkes zu erkennen gibt: Die Komposition skizziert eine gezielte Gegenüberstellung von Chromatik und Diatonik. Während der Traum und die durch ihn hervorgerufenen Ängste des Knaben mit den chromatisch gefärbten und abwärtslaufenden Melodielinien musikalisch gestaltet werden, erfahren die reale Welt und ihre Protagonisten eine musikalische Thematisierung in diatonischen Strukturen (neben der Überführung des Traumes in die „diatonische Wirklichkeit" der Strophen 17 und 18 wird dies rückblickend auch in der kompositorischen Behandlung der achten und neunten Strophe, Takt 27 bis 34, besonders deutlich).[299] Wie Schumann in seiner Beurteilung der Vertonung des *Haideknaben* durch van Bruyck diesen wissen ließ, hielt er zunächst gerade diese Dichtung ungeeignet für eine musikalische Ausarbeitung. Die Ballade gestatte ihrer Handlung nach keine musikalische Ausgestaltung spannungsgeladener Kontraste – sie erlaube keinen „Wechsel von Schatten und Licht":

„[…] Der ‚Haideknabe' scheint mir gar zu schaurig, ein Nachtgemälde, das dem Gedicht nach, freilich keinen Wechsel von Schatten und Licht gestattete. Musikalisch gefällt mir hier das öftere Zurückgehen in die Grundtonart (F moll) nicht."[300]

---

298   Siehe S. 61.
299   Vgl. dazu Andraschke, „Zwei Balladen für Deklamation mit Klavierbegleitung op. 122", S. 262.
300   Brief von Schumann an van Bruyck vom 26. Juli 1853; siehe S. 55.

Das übergeordnete Programm einer Gegenüberstellung von Chromatik und Diatonik in fest umrissenen semantischen Bezugsrahmen ersetzt so gewissermaßen die strukturelle Orientierung an der strophischen Disposition des poetischen Werkes. Darüber hinaus bildet diese Konzeption auch das Äquivalent zu den atmosphärischen Kontrastmomenten, die dem Zuhörer in den Vertonungen von *Schön Hedwig* und *Die Flüchtlinge* eine formale Orientierung in Anlehnung an das poetische Werk ermöglichen. In der *Ballade vom Haideknaben* vertraute Schumann allein auf die vorantreibende Handlungsebene der Dichtung als inhalts- und formgebendes Element und vernachlässigte die poetische Anlage der Textvorlage in der musikalischen Ausformung gänzlich – eine Strategie, die sich bezeichnender Weise für die Vertonung einer Vorlage als Kompositionsplan herausstellt, die in ihrer Annäherung an einen Prosatext auch schwerlich Anknüpfungspunkte zur Entwicklung traditioneller Formkonzepte bietet. Eine Strategie auch, die sich bereits in der musikalischen Behandlung der Shelley-Ballade in den zunehmend unregelmäßigen Strophen und Versen andeutete.[301]

Dieser kompositorische Grundgedanke stellt zudem das entscheidende Kriterium zur Einordnung der kompositorischen Anlage des Werkes als konzeptionell durchdacht dar. Obgleich sich viel Rhapsodisches findet, driftet die Musik strukturell nicht ins Banale oder Nur-rhapsodische vieler Gattungsvertreter des Konzertmelodrams zur Mitte des 19. Jahrhunderts ab.[302] Die Erhebung Pohls des Werkes zu einer der „Meisterschöpfungen Schumanns" bezieht sich gerade auf diese Verfahrensweise im Umgang mit musikalisch-thematischem Material: Ein mit einem semantischen Bezugsfeld behaftetes Motiv prägt in seiner charakteristischen Eigenschaft als formgebendes Element die gesamte Komposition.

> „Hier vereinigen sich auch alle Eigenschaften, welche als Factoren der gebrauchten Bezeichnung unerläßlich, als: treues Colorit, origineller Inhalt, dramatischer Zug, Einheit in der Anlage. Um mit der letzteren anzufangen, so erblicken wir, wenn auch nicht so ausgesprochen wie bei L i s z t, der überhaupt mit der neuen Art thematischer Behandlung gewisse empirische Traditionen zum Princip umgewandelt hat, doch gleichfalls in dem das Stück beginnenden herzbeklemmenden H moll-Gang einen rothen Faden, welcher die Hauptstimmung des Gedichtes zur Anschauung bringt, und zugleich formellen Halt gewährt."[303]

Die Textzentriertheit in der *Ballade vom Haideknaben* findet also in einer anderen Ausprägung ihren Widerhall als noch in op. 106 und op. 122 Nr. 2: Die

---

301   Vgl. S. 97ff.
302   Vgl. Nöther, *Als Bürger leben, als Halbgott sprechen*, S. 42f.
303   Pohl, „Die Leipziger Tonkünstler-Versammlung", Nr. 20 (November), S. 171 (Hervorhebung original).

Semantik der dichterischen Vorlage dient hier nicht nur als struktureller Parameter und als tonangebendes Moment in der Wahl der musikalischen Mittel, die sich ihr und ihrer Verdeutlichung gänzlich unterordnen. Durch die lineare Organisation dieser Mittel in einer punktuellen text- und damit deklamationsabhängigen Verwendung zieht sich die ästhetische Distanz zwischen musikalischer Entwicklung und Textvortrag zu einer untrennbaren Formation zusammen. Sowohl diese konzeptionelle Aufstellung als auch die häufig textillustrierende Funktion der Musik bedingen nun jedoch, dass der Klaviersatz gleichsam seinen autonomen Charakter verliert.

So erweist sich nicht nur die Gleichstellung einer „dichten"[304] musikalischen Gestaltung mit einer ästhetischen Autonomie des Klaviersatzes als haltlos, sondern auch die mit dieser Annahme einhergehende Einschätzung, dass gerade für diese Komposition eine nur pianistische Darbietung ohne deklamierten Textvortrag am ehesten nachvollziehbar sei.[305] In Schumanns musikalischer Ausformung der *Ballade vom Haideknaben* zeichnet sich nicht nur die vollständige Loslösung von einer lyrisch geschlossenen Anlage zu einer Disposition mit rhapsodischen Charakter ab. Vielmehr wird eine Kompositionskonzeption erkennbar, die in der wiederkehrenden Eingliederung des Traummotivs durchaus Ansätze einer prosaischen Anlage offenbart: Die Kompositionsgestaltung orientiert sich an charakteristischen Motiven des jeweiligen Ausdrucksmomentes. Die ästhetische Wirkung in der *Ballade vom Haideknaben* erschöpft sich folglich nicht allein in einer „atmosphärischen Plastizität"[306], die nicht über die musikalische Zeichnung der unheimlichen Grundstimmung der Ballade hinausgeht: Das Unheimliche der Atmosphäre wird geradezu ins Schaurige gesteigert, indem der Hörer von der musikalischen Gestaltung direkt angesprochen wird, die in ihrer thematischen Entwicklung die Katastrophe heraufbeschwört. Der Rezipient sieht dem Grauen in ahnungsvoller Erwartung entgegen.

Auch der „reine Eindruck"[307], den Hanslick pauschal beiden melodramatisch vertonten Hebbel-Balladen Schumanns attestierte, scheint in seiner Fundierung weniger auf *Schön Hedwig* als vielmehr auf Schumanns musikalische Erfassung der Wirkungsabsicht hinter dem unheimlich-schaurigen Balladen-Topos der *Ballade vom Haideknaben* abzuzielen:

---

304 Andraschke, „Zwei Balladen für Deklamation mit Klavierbegleitung op. 122", S. 262; siehe S. 86.
305 Vgl. ebenda.
306 Nöther, *Als Bürger leben, als Halbgott sprechen*, S. 55.
307 Hanslick, *Aus dem Concertsaal*, S. 106; siehe S. 11.

„Die Musik verzichtet durchaus auf die eigene Körperlichkeit und folgt nur wie ein Schatten bald leichter, bald dunkler den Gestalten des Dichters. Da mit der Meisterin am Clavier eine ebenbürtige Meisterin in der Declamation sich verbunden hatte (Marie Seebach), und in dieser wieder mit der höchsten Kunst der Rede ein feines musikalisches Hören, so strömt das ganze Melodram wie von Einer Kraft erschaffen und gehalten, ergreifend an den verdoppelten Organen unsrer Phantasie vorüber."[308]

Zwar würden beide Werke von „Schumann's Musik in bescheidener, fein anempfindender Weise interpretirt"[309], doch die genannten Mittel, die eine Überbrückung der Dichotomie von Musik und Dichtung vorantreiben würden, sind zweifellos der Vertonung des *Haideknaben* zuzuweisen.

Die vergleichende Untersuchung der Klaviersätze hat ergeben, dass eine ästhetische Verselbstständigung der Klaviersätze, die sich in Schumanns Konzertmelodramen von einer rhetorisch stützenden Funktion sowie einer instrumentalen und affektiven Untermalung des deklamierten Textvortrages frei machen und sich allein den Balladen in ihrer außermusikalischen Ursprünglichkeit verpflichten, nicht automatisch auch mit einer musikalischen Autonomie einhergeht. In der thematischen Entwicklung der Vertonung des *Haideknaben* und in den Klaviersätzen der Kompositionen *Schön Hedwig* und *Die Flüchtlinge* zeigen sich zwar durchaus Strukturen, die formal einen musikalischen Selbstbezug aufweisen, doch rekurrieren auch diese – wenngleich vom Zuhörer nicht immer unmittelbar nachvollziehbar – auf die inhaltliche Ebene der Dichtung (und freilich kann diese Orientierung auch mit der strophischen Anlage einhergehen). Die Klaviersätze können durch ihre abstrakte, reduzierte Gestaltung und durch konkrete semantische Konnotationen daher erst im direkten Zusammenhang oder Zusammenklang mit der jeweiligen Ballade ihre ästhetische Wirkung entfalten (an dieser Stelle braucht nur an die musikalische Umsetzung des retardierenden Moments in der *Ballade vom Haideknaben* und an die spannungsgeladene Zäsur in *Die Flüchtlinge* erinnert zu werden[310]). Im ersten Ersuchen um eine Drucklegung von op. 106 an den Verleger Kistner formulierte Schumann sein Ausdrucksinteresse wie folgt:

„Sie erhalten hier ein kleines Manuscript. Es ist etwas, wie noch nicht existirt und von sehr eigenthümlicher Wirkung, wie sich das in geselligen Kreisen kundgab."[311]

---

308 Ebenda; siehe S. 17.
309 Ebenda.
310 Siehe S. 101 und 104.
311 In: Brief von Schumann an Kistner vom 17. Dezember 1852; siehe S. 57.

Die Vertonung von *Schön Hedwig* würde also eine „eigenthümliche Wirkung" entfalten, die schließlich darauf gründet, dass in dieser Komposition der Deklamierende – um mit Brendel zu sprechen – „nicht mehr nur als musikalisches Instrument" erscheint, sondern als „selbstbewusste[r] Beherrscher seiner Erregung" auftritt. Der Klaviersatz jedoch stellt sich weniger als „Begleitung" des Vortragenden heraus, der anvertraut wurde, „was in der Tiefe der Brust vorgeht" klanglich darzustellen,[312] sondern fungiert ausschließlich als musikalische Kontur der Dichtung. In einer solchen Ausprägung stellt, anders als in den Lied- und Chorballaden, weder das gattungsimmanente Moment einer Erzählhaltung ein kompositorisches Problem dar – das in den Dichtungen *Schön Hedwig* und *Die Flüchtlinge* besonders ausgeprägt ist –, noch der rasche, handlungsvorantreibende dialogische Schlagabtausch in der *Ballade vom Haideknaben*.

Dennoch manifestiert sich in der Verschiedenartigkeit der Klaviersätze, dass sich die Vermittlungsebene des Inhalts nicht nur auf die strukturelle Beschaffenheit der Dichtung niederschlägt, sondern eben auch auf die Form des musikalischen Werkes: Je näher das dargestellte dramatische Geschehen strukturell einer Prosa rückt, desto rhapsodischer die Komposition. So fassen die Konzertmelodramen Schumanns die balladischen Textvorlagen nicht nur inhaltlich in einen atmosphärischen Rahmen, sondern greifen auch die Wirkungsabsicht hinter den Dichtungen als musikalische Konstante auf: eine strophische wie inhaltlich feierliche Gleichförmigkeit in *Schön Hedwig* und die Dramatik einer suggestiven Erwartung der Katastrophe des unheimlich-schaurigen Balladen-Topos in der *Ballade vom Haideknaben*. In der Vertonung der Shelley-Ballade *Die Flüchtlinge* erreicht Schumann gerade durch seinen Eingriff in die Dichtung, also durch den Verzicht eines deklamierten Vortrags der neunten Strophe, eine musikalische Realisierung dieses ästhetischen Anspruchs. Mit der Vertonung dieser Strophe hätte sich das musikalisch wirksame Potential, also eine dramatische Steigerung, mit dem Erklingen des Sturmmotivs erschöpft und die Komposition würde noch vor dem Abschluss der Dichtung zu einem formal geschlossenen Ausklang gelangen.

Aus eben dieser Konstellation geht hervor, dass die Klaviersätze der Konzertmelodramen, trotz musikalisch autonomer Tendenzen, ohne eine freie Deklamation als begriffliches Ausdrucksmedium – ob gedacht oder in einer klanglichen Artikulation – keine ästhetische Geschlossenheit erlangen können. Erst in Verbindung mit der jeweiligen Dichtung werden die kurzen Modelle in ihrem Wirkungsbestreben greifbar und verständlich. So wenig also eine kompositorische

---

312 Brendel, „Die Melodie der Sprache", S. 19 (Hervorhebung original); siehe S. 75.

Dichte mit einer musikalischen Autonomie einhergeht, so wenig sind musikalisch autonome Tendenzen mit einem musikalisch-ästhetischen Ausdrucksvermögen gleichzusetzen. Die ästhetische Verselbstständigung der Klaviersätze als komplementäres Ausdrucksmedium zum Text ist damit keinesfalls gleichbedeutend mit einer künstlerisch wirksamen Souveränität. Hinter dem melodramatischen Kompositionskonzept als Vertonungsstrategie der Ballade steht bei Schumann also das Programm eines Zusammenspiels von Dichtung und Musik, in dem der Klaviersatz das musikalische Potential des poetischen Werkes losgelöst von einer vermittelnden Person erfasst. Außerdem wird die balladische Textvorlage – trotz ihrer Vielschichtigkeit – in der kompositorischen Einbindung nicht gänzlich musikalisch vereinnahmt. Erst mit der Verbindung beider Ausdrucksebenen aber – Text und Musik – wird das Ausdrucksinteresse einer „eigenthümlichen Wirkung"[313] eingelöst.

So stellt das Konzertmelodram bei Schumann also kaum eine Behelfsgattung zur Vertonung der auf den ersten Blick musikalisch sperrigen Ballade dar. Gerade aufgrund ihrer plastischen Vielschichtigkeit erweist sich die Ballade als ideale dichterische Form zur optimalen, künstlerisch wirksamen Ausschöpfung des ästhetischen Zuschnitts dieser Kompositionsidee.

---

313 In: Brief von Schumann an Kistner vom 17. Dezember 1852; siehe S. 107.

4. Zwischen Liedkomposition und Programmmusik? Die Konzertmelodramen im Gattungsgefüge des 19. Jahrhunderts

Die in der aktuellen Forschung diskutierte Annahme, dass die drei Konzertme-
lodramen Schumanns zwischen Liedkomposition und Programmmusik ihre
Position im Gattungsgefüge fänden,[314] knüpft unmittelbar an Pohls ästhetischer
Eingliederung der Werke an.[315] Dieser aber rechtfertigte seine Aussage mit der
Begründung, dass die Dichtungen für die „Programmmusik sich wegen vorwiegend dramatischer Elemente nicht eignen, der Gesangscomposition jedoch
durch Längen und musikalisch ungefüge Stellen widerstreben"[316] würden. Eine
Einschätzung, die am ästhetischen Programm Schumanns hinter einer melodramatischen Vertonungsstrategie abprallt: Weder lag die affektive Synthese
der Ausdrucksebenen Musik und Poesie einer Gesangskomposition im künstlerischen Interesse Schumanns, noch die mimetische Annäherung an ein poetisches Werk der Programmmusik. Gerade das letztgenannte Gattungsfeld, in
dem die Phantasie des Rezipienten nicht ergänzend und vor dem Hintergrund
einer synästhetischen Erweiterung, sondern vielmehr im programmatischen
Sinne einschränkend beeinflusst wird, scheint als Orientierungspunkt zum
Verständnis von Schumanns Herangehensweise an das Konzertmelodram als
t e x t z e n t r i e r t e s Genre abwegig. Zudem kann darauf verwiesen werden, dass
der Komponist bereits in den *Waldszenen* op. 82 das in der zeitgenössischen Praxis durchaus gängige Vorhaben, den Klavierstücken dichterische Mottos voran-
zustellen – die damit eine musikalische Wahrnehmung der Komposition vorweg
prägen würden –, bei acht der insgesamt neun Kompositionen wieder verwarf.[317]

---

314 Zelm, „Zur Entwicklung des Konzertmelodrams im 19. Jahrhundert", S. 392.
315 Siehe S. 14ff.
316 In: Pohl, „Die Leipziger Tonkünstler-Versammlung", Nr. 19 (November), S. 157; siehe
     S. 15.
317 Im Druck blieben lediglich Hebbels Verse der Nr. 4 (die Strophen 4 und 5 der Nr. 2
     „Böser Ort" des Gedichtzyklus *Waldlieder*). Die Sammlung *Die Waldlieder* von
     Gustav Pfarrius, in der drei der Gedichtmottos zu finden sind, erschien erst ein
     Jahr nach Entstehung des Werkes. Auch von einem kompositorischen Vorgehen im
     programmatischen Sinne kann folglich mitnichten die Rede sein. Vgl. dazu Irm-
     gard Knechtges-Obrecht, „Waldszenen. Neun Stücke für Klavier op. 82", in: hrsg. von

Schumann betonte häufig die Positionierung der eigenen Werke an den Gattungsgrenzen als etwas „Neues"[318]. Wie ein Brief an Pohl offenbart, lehnte er eine Einordnung zwischen den etablierten Gattungsfeldern dennoch grundsätzlich ab: Schon das weltliche Oratorium *Der Rose Pilgerfahrt* op. 112 musste sich von Pohl nach einer Dresdner Aufführung im Herbst 1852 einen Vergleich mit Wagners musikdramatischem Konzept gefallen lassen. Das Werk kam dabei, trotz „vieler großer Schönheiten"[319] als „Zwittergeschöpf [...], das zwischen Recitativ und Arie Mitten inne steht, ohne das eine oder andere zu sein"[320], insgesamt schlecht weg. Auch mit seiner Geringschätzung gegenüber der Chorballade als „Zwittergattung zwischen Oratorium und Oper", als eine „ihrer Natur nach unselbstständigen, zweideutigen und sich überlebenden Form", der Schumann „kein neues Leben mehr einhauchen" konnte, hielt Pohl nicht hinter dem Berg. Diese Einschätzungen hinderten ihn dennoch nicht daran, das an Schumann gesandte Widmungsexemplar seiner ein Jahr später veröffentlichten Schrift über das Karlsruher Musikfest, *Das Karlsruher Musikfest im October 1853*,[321] mit der Eintragung zu versehen „Herrn Dr. Robert Schumann verehrungsvoll der Verfasser. Dresden, Januar 1854"[322]. Ein weiteres, wenig schmeichelhaftes Zitat zum kompositorischen Schaffen Schumanns in „der neueren Zeit"[323] lautet:

> „Da, wo er [Schumann] absichtlich reformatorisch eingreifen wollte, ging er offenbar über die Sphäre hinaus, die ihm beschieden war, es fehlte ihm hierzu das objective Aufgehen im Gegenstand, und eine Liebe, die durch keine Reflexion zu ersetzen ist."[324]

Schumann reagierte auf diese Schrift mit einem Brief, den Richard Pohl – aus nachvollziehbaren Gründen – vor der Abfassung seiner *Erinnerungen an Robert Schumann* allem Anschein nach diskret aus seinem Gedächtnis gestrichen hatte.

Helmut Loos, *Robert Schumann. Interpretationen seiner Werke*, Laaber 2005, Bd. 2, S. 71–74.

318 Vgl. beispielsweise den Brief von Schumann an Liszt vom 5. November 1851. In: Brief von Schumann an Liszt vom 5. November 1851; siehe S. 65.

319 Hoplit [Richard Pohl], „Dresdner Musik", in: *NZfM*, Bd. 37 (1852) Nr. 25 (Dezember), S. 267.

320 Ebenda, S. 266.

321 Hoplit [Richard Pohl], *Das Karlsruher Musikfest im October 1853*, Leipzig 1853.

322 Zit. nach Gustav Jansen, „Ein unbekannter Brief von Robert Schumann", in: *Die Musik*, Bd. 20 (4. Quartal 1905/1906), Heft 20 (Juli), S. 111. Vgl. dazu auch Geck, „Robert Schumann und Richard Pohl als Kontrahenten", S. 22.

323 Ebenda.

324 Ebenda, S. 23.

„[…]Daß Sie der Hoplit waren, das wußt' ich gar nicht. Denn ich harmonire nicht sonderlich mit seinem und seiner Parthey Liszt-Wagner'schen Enthusiasmus. Was Sie für Zukunftsmusiker halten, das halt' ich für Gegenwartmusiker, und was Sie für Vergangenheitsmusiker (Bach, Händel, Beethoven), das scheinen mir die besten Zukunftsmusiker. Geistige Schönheit in schönster Form kann ich nie für ‚einen überwundenen Standpunkt' halten. Hat diese etwa R. Wagner? Und wo sind denn die genialen Leistungen Liszt's – wo stecken sie? Vielleicht in seinem Pulte? Will er vielleicht die Zukunft erwecken, weil er fürchtet, man versteh' ihn jetzt nicht? Nein – ich kann nicht mit diesem Hoplitschen Enthusiasmus harmoniren.

Sie haben auch mich in Ihrer Broschure genannt und die Ouvertüre zu Hamlet mit großer Theilnahme besprochen. Aber Sie haben auch an anderer Stelle über mich sich ausgelassen, daß ich glaube, Sie verstehen mich nicht. Sie sprechen von einem Fehlen von Liebe, die keine Reflexion ersetzen könne. Haben Sie sich wohl überlegt, was Sie da geschrieben haben? Sie sprechen von Mangel an Objectivität – haben Sie sich auch das überlegt? Allein vier Symphonien, sind sie eine wie die andere? oder meine Trios? oder meine Lieder? Ueberhaupt giebt es zweierlei Arten Schaffen? Ein ob- und subjectives? War Beethoven ein objectiver? Ich will Ihnen sagen: das sind Geheimnisse, denen man nicht mit so elenden Worten beikommen kann. Dann sprechen Sie von Zwittergattungen? Meinen Sie etwa das Requiem der Mignon, – das Nachtlied, die Pilgerfahrt der Rose, den Königssohn und des Sängers Fluch, und die Manuscriptballaden, die ich noch habe, Vom Page und der Königstochter, das Glück von Edenhall – ei das könnte mich ja bestimmen, die Sachen zurück zu legen und mein Requiem anzustimmen, das auch noch im Pulte liegt!"[325]

Das experimentelle Potenzial der Konzertmelodramen Schumanns zeichnet sich als eine Weiterentwicklung des Genres aus, in dem Musik und Poesie in ihrer Disparität auf neuartige und innovative Weise zwingend aufeinander bezogen interagieren. Der Versuch einer Eingliederung der melodramatisch vertonten Balladen zwischen Lied und Programmmusik erweist sich somit grundsätzlich als anachronistisches Modell, das schließlich an die Rezeptionsgeschichte der Form als eine „Zwittergattung"[326] oder als „Zwitterding"[327] von ästhetischem „Unwerth"[328] anknüpft. Weitaus plausibler ist, den Konzertmelodramen einen

---

325 Brief von Schumann an Richard Pohl vom 6. Februar 1854, in: Schumann, *Schumann Briefedition*, Serie II, Bd. 5, S. 409. Dieser Brief ist bereits Anfang des 20. Jahrhunderts von Gustav Jansen aufgefunden und mit leicht verändertem Wortlaut veröffentlicht worden, in: Gustav Jansen, „Ein unbekannter Brief von Robert Schumann", in: *Die Musik*, Bd. 20 (4. Quartal 1905/1906), Heft 20 (Juli), S. 110–112. In seinem Verzeichnis abgesandter Briefe bezeichnete Schumann diesen Brief als „derbe aber wohlwollend".

326 Riemann, Art. „Melodrama", S. 569; siehe S. 9.

327 Mendel und Reissmann, Art. „Melodram", S. 177; siehe ebenda.

328 Schilling, Art. „Melodram", S. 651; siehe S. 10.

emanzipierten Gattungsanspruch mit ganz eigenen ästhetischen und kompositorischen Prinzipien zuzugestehen und das Melodramatische als Strategie zur Vertonung der Ballade als individuelles Lösungsmodell für die Vereinigung von Pyramus und Thisbe – wie Liszt sich ausdrückte – bei Schumann anzuerkennen. Mit Blick auf die Gattungsproblematik zur Mitte des 19. Jahrhunderts charakterisieren die Überlegungen von Ferdinand Hand zur „Allgemeinen Bestimmung der Kunstformen" diese These im Umgang mit dem Konzertmelodram treffend.

> „Wir können hierbei davon ausgehen, daß jede musikalische Idee ihre Form mit sich bringt […], so daß nicht ohne Wahrheit zu behaupten steht, es existiren so viele Kunstformen, als Kunstwerke, und in jedem Einzelnen wohnt dessen eigenes Gesetz der Gestaltung, welches mithin gar nicht theoretisch verzeichnet werden kann […]. Dies aber hebt nicht auf, daß sich Gattungen und Arten der Kunstwerke bilden und dafür eine Regel sich durch die Werke feststellt, welche der Geschmack als zuständig anerkennt, der Zweck der Darstellung als Bedingung erfordert. […] So können wir nicht urtheilen, wenn wir in dem Kunstwerke eine Idee niedergelegt sehen und an einen geistigen Inhalt glauben, der einer bestimmten Region des Seelenlebens entnommen ist. Die Frage, ob und was das Kunstwerk im Besonderen bewirke, erhält ihre Lösung schon dadurch, daß es in wesentlicher Verschiedenheit zu Anderen steht […].
>
> Die Zahl der Formen und Arten der Kunstwerke ist, wie in den übrigen Künsten, so auch in der Musik, keine abgeschlossene. Wie sie im Laufe der Zeit theils durch Beziehung auf die Zwecke der Darstellung, theils durch die fortschreitende Erweckung der im Wesen der Kunst schlummernden Elemente gewonnen worden sind, so kann es nicht ausbleiben, daß neue erfunden und die vorhandenen umgestaltet, oder daß nach dem Wechsel des Geschmacks ältere zurückgestellt und verworfen werden."[329]

Obgleich auch für die musikalische Gestaltung der Instrumentalpartien bei Schumanns Konzertmelodramen nur bedingt von der Herausbildung einer eigenen Gattungstradition gesprochen werden kann – die musikalischen Stilmittel vielfach auf verschiedene Nachbargattungen wie das Klavierlied, die Programmmusik oder auf musikdramatische Gestaltungsmittel rekurrieren – muss das Melodramatische seiner ästhetischen Bedeutung nach, also in seiner „Verschiedenheit"[330] zu eben diesen Nachbargattungen, isoliert betrachtet werden.

---

329 Ferdinand Hand, *Aesthetik der Tonkunst*, Jena ²1847, Bd. 2, S. 289ff.
330 Ebenda.

Anhang

I. Friedrich Hebbel, *Schön Hedwig*, in: *Gedichte von Friedrich Hebbel*, Hamburg 1842, S. 61–63.

Schön Hedwig.

Im Kreise der Vasallen sitzt
　Der Ritter, jung und kühn;
Sein dunkles Feuerauge blitzt,
　Als wollt' er ziehn zum Kampfe,
Und seine Wangen glühn.

Ein zartes Mägdlein tritt heran
　Und füllt ihm den Pocal.
Zurück mit Sitten tritt sie dann,
　Da fällt auf ihre Stirne
Der klarste Morgenstral.

Der Ritter aber faßt sie schnell
　Bei ihrer weißen Hand.
Ihr blaues Auge, frisch und hell,
　Sie schlägt es erst zu Boden,
Dann hebt sie's unverwandt.

„Schön Hedwig, die Du vor mir stehst,
　Drei Dinge sag' mir frei:
Woher Du kommst, wohin Du gehst,
　Warum Du stets mir folgest;
Das sind der Dinge drei!"

Woher ich komm? Ich komm' von Gott,
    So hat man mir gesagt,
Als ich, verfolgt von Hohn und Spott,
    Nach Vater und nach Mutter
Mit Thränen einst gefragt.

Wohin ich geh? Nichts treibt mich fort,
    Die Welt ist gar zu weit.
Was tauscht' ich eitel Ort um Ort?
    Sie ist ja allenthalben
Voll Lust und Herrlichkeit.

Warum ich folg', wohin Du winkst?
    Ei, sprich, wie könnt' ich ruhn?
Ich schenk' den Wein Dir, den Du trinkst,
    Ich bat Dich drum auf Knieen
Und mögt' es ewig thun!

„So frage ich, Du blondes Kind,
    Noch um ein Viertes Dich;
Dies Letzte sag' mir an geschwind,
    Dann frag' ich Dich Nichts weiter,
Sag', Mägdlein, liebst Du mich?"

Im Anfang steht sie starr und stumm,
    Dann schaut sie langsam sich
Im Kreis der ernsten Gäste um,
    Und faltet ihre Hände
Und spricht: ich liebe Dich!

Nun aber weiß ich auch, wohin
  Ich gehen muß von hier;
Wohl ist's mir klar in meinem Sinn:
  Nachdem ich dies gestanden,
Ziemt nur der Schleier mir!

„Und wenn Du sagst, Du kommst von Gott,
  So fühl' ich, das ist wahr.
Drum führ' ich auch, trotz Hohn und Spott,
  Als seine liebste Tochter
Noch heut Dich zum Altar.

Ihr edlen Herrn, ich lud verblümt
  Zu einem Fest Euch ein;
Ihr Ritter, stolz und hoch gerühmt,
  So folgt mir zur Kapelle,
Es soll mein schönstes seyn!“

II. Friedrich Hebbel, Ballade, in: *Neue Gedichte von Friedrich Hebbel*, Leipzig 1848, S. 66–70.

Ballade.

Der Knabe träumt, man schicke ihn fort
Mit dreißig Thalern zum Haide=Ort,
　　Er ward drum erschlagen am Wege
　　Und war doch nicht langsam und träge.

Noch liegt er im Angstschweiß, da rüttelt ihn
Sein Meister und heißt ihm, sich anzuziehn
　　Und legt ihm das Bett auf die Decke
　　Und fragt ihn, warum er erschrecke.

„Ach Meister, mein Meister, sie schlagen mich todt,
Die Sonne, sie ist ja wie Blut so roth!"
　　Sie ist es für Dich nicht alleine,
　　Drum schnell, sonst mach' ich Dir Beine!

„Ach Meister, mein Meister, so sprachst Du schon,
Das war das Gesicht, der Blick, der Ton,
    Gleich greifst Du" — zum Stock, will er sagen,
    Er sagts nicht, er wird schon geschlagen.

„Ach Meister, mein Meister, ich geh, ich geh,
Bring' meiner Mutter das letzte Ade!
    Und sucht sie nach allen vier Winden,
    Am Weidenbaum bin ich zu finden!"

Hinaus aus der Stadt! Und da dehnt sie sich,
Die Haide, nebelnd, gespenstiglich!
    Die Winde darüber sausend,
    „Ach, wär' hier Ein Schritt, wie tausend!"

Und Alles so still, und Alles so stumm,
Man sieht sich umsonst nach Lebendigen um,
    Nur hungrige Vögel schießen
    Aus Wolken, um Würmer zu spießen.

Er kommt an's einsame Hirtenhaus,
Der alte Hirt schaut eben heraus,
    Des Knaben Angst ist gestiegen,
    Am Wege bleibt er noch liegen.

„Ach Hirte, Du biſt ja von frommer Art,
Vier gute Groſchen hab' ich erſpart,
    Gib Deinen Knecht mir zur Seite,
    Daß er bis zum Dorf mich begleite.

Ich will ſie ihm geben, er trinke dafür
Am nächſten Sonntag ein gutes Bier,
    Dies Geld hier, ich trag' es mit Beben,
    Man nahm mir im Traum drum das Leben!"

Der Hirt, der winkte dem langen Knecht,
Er ſchnitt ſich eben den Stecken zurecht,
    Jetzt trat er hervor — wie graute
    Dem Knaben, als er ihn ſchaute!

„Ach Meiſter Hirte, ach nein, ach nein,
Es iſt doch beſſer, ich geh' allein!"
    Der Lange ſpricht grinſend zum Alten:
    Er will die vier Groſchen behalten.

„Da ſind die vier Groſchen!" Er wirft ſie hin
Und eilt hinweg mit verſtörtem Sinn.
    Schon kann er die Weide erblicken,
    Da klopft ihn der Knecht in den Rücken.

Du hältst es nicht aus, Du gehst zu geschwind,
Ei, Eile mit Weile, Du bist ja noch Kind,
　　Auch muß das Geld Dich beschweren,
　　Wer kann Dir das Ausruhn verwehren!

Komm', setz' Dich unter den Weidenbaum,
Und dort erzähl' mir den häßlichen Traum,
　　Ich träumte — Gott soll mich verdammen,
　　Trifft's nicht mit Deinem zusammen!

Er faßt den Knaben wohl bei der Hand,
Der leistet auch nimmermehr Widerstand,
　　Die Blätter flüstern so schaurig,
　　Das Wässerlein rieselt so traurig!

Nun sprich, Du träumtest — „Es kam ein Mann —"
War ich das? Sie mich doch näher an,
　　Ich denke, Du hast mich gesehen!
　　Nun weiter, wie ist es geschehen?

„Er zog ein Messer!" — War das, wie dies? —
„Ach ja, ach ja!" — Er zog's? — „Und stieß —"
　　Er stieß Dir's wol so durch die Kehle?
　　Was hilft es auch, daß ich Dich quäle!

Und fragt Ihr, wie's weiter gekommen sei?
So fragt zwei Vögel, sie saßen dabei,
    Der Rabe verweilte gar heiter,
    Die Taube konnte nicht weiter!

Der Rabe erzählt, was der Böse noch that,
Und auch, wie's der Henker gerochen hat,
    Die Taube erzählt, wie der Knabe
    Geweint und gebetet habe.

III. Percy Bysshe Shelley/Julius Seybt, *Die Flüchtlinge*, in:
Percy Bysshe Shelley's poetische Werke in Einem Bande.
Aus dem Englischen übertragen von Julius Seybt,
Leipzig 1844, S. 338f.

Die Flüchtlinge.

1.

Der Hagel klirrt nieder,
Es leuchten die Wogen,
Die Blitze rings sprühen,
Der Schaum kommt geflogen —
    Fort, fort!

Der Donner laut kracht,
Die Wälder all' stöhnen,
Der Sturmwind rings braust,
Die Glocken ertönen, —
    Fort, fort!

Die Erd' gleich dem Meere
Wankt trümmerbedeckt,
Thier und Mensch sind entflohn
Vor dem Sturm erschreckt —
    Fort, fort!

2.

„Der Steu'rmann erbleicht,
Nur ein Segel hat's Boot,
Wer zu folgen jetzt wagte,
Wär' ein kühner Pilot — "
    Rief er.

Und sie rief: „Greif zum Ruder,
Stoß' kühn vom Gestad!"
Und Hagel und Kugeln
Bestreun ihren Pfad
    Ueber's Meer.

Die Leuchtfeuer glühn
Von Klippen und Thurm;
Das Geschütz stumm blitzt,
Erstickt von dem Sturm,
    Von leewärts her.

3.

„Und siehst du, und hörst du?
Und banget dein Sinn?
Und jagen wir frei nicht
Ueber's Meer dahin,
    Ich und du?"

Ein Schiffsmantel deckt
Die Liebenden Beide;
Ihr Herz schlägt vereint,
In stolzer Freude
    Sie flüstern sich zu.

Wie wankende Berge
Das Meer, sturmumwettert,
Wird gewälzt und gehoben,
Zerklüftet, zerschmettert,
    Sonder Ruh.

4.

In dem Schloßhof, neben
Der Pförtnerin, gleich
Geschlagenem Bluthund
Steht der Bräutigam, bleich
    Vor Scham.

Ein todtkündend Gespenst,
Steht auf oberstem Thurm
Ein Greis und vor seiner
Stimme der Sturm
    Scheint zahm.

Auf die Letzte und Schönste
Seines Stammes zur Stunde
Einen Fluch er ruft
Wie aus Vaters Munde
    Nie kam!

Literaturverzeichnis

Ambros, August Wilhelm, *Bunte Blätter. Skizzen und Studien für Freunde der Musik und der bildenden Kunst. Neue Folge*, Leipzig 1874

Andraschke, Peter, „Zwei Balladen für Deklamation mit Klavierbegleitung op. 122", in: hrsg. von Helmut Loos, *Robert Schumann. Interpretationen seiner Werke*, 2 Bde., Laaber 2005, hier Bd. 2, S. 261–263

Appel, Bernhard, „Robert Schumann als Leser", in: hrsg. von Joseph Kruse, *Robert Schumann und die Dichter. Ein Musiker als Leser*, Düsseldorf 1991, S. 12–17

Bär, Ute, „Albert Hermann Dietrich – Verehrer und Freund Robert Schumanns", in: hrsg. von Bernhard Appel u. a., *Schumanniana Nova. Festschrift Gerd Nauhaus zum 60. Geburtstag*, Sinzig 2002, S. 48–87

Bahr, Erhard (Hrsg.), *Geschichte der deutschen Literatur. Kontinuität und Veränderung. Vom Mittelalter bis zur Gegenwart*, 3 Bde., Stuttgart ²1998

Best, Walter, *Die Romanzen Robert Schumanns* (Diss. Universität Hamburg 1988), Frankfurt a. M. 1988

Brendel, Franz, *Geschichte der Musik in Italien, Deutschland und Frankreich von den ersten christlichen Zeiten bis in die Gegenwart. Fünfundzwanzig Vorlesungen gehalten zu Leipzig* [2. umgearbeitete und vermehrte Auflage], 2 Bde., Leipzig 1855

Brendel, Franz, „Die Melodie der Sprache", in: hrsg. von Franz Brendel, *Anregungen für Kunst, Leben und Wissenschaft*, Leipzig 1856, Bd. 1, S. 10–28

Brendel, Franz, „Zur Anbahnung einer Verständigung. Vortrag zur Eröffnung der Tonkünstler-Versammlung", in: *NZfM*, Bd. 50 (1859), Nr. 24 (Juni), S. 265–273

Brendel, Franz, *Geschichte der Musik in Italien, Deutschland und Frankreich von den ersten christlichen Zeiten bis in die Gegenwart. Fünfundzwanzig Vorlesungen gehalten zu Leipzig* [4. neu durchgesehene und vermehrte Auflage], Leipzig 1867

Brendel, Franz, „Robert Schumann mit Rücksicht auf Mendelssohn-Bartholdy. Und die Entwicklung der modernen Musik", in: *NZfM*, Bd. 22 (1845), Nr. 15, 19, 21, 27, 29, 35, 36 (Februar–Mai)

Clement, Jochen, „Lesedrama und Schauspielmusik. Zu Schumanns *Manfred* op. 115", in: hrsg. von Gerd Nauhaus, *Schumann-Studien 5*, Köln 1996, S. 143–152

Dahlhaus, Carl, „Lied-Traditionen", in: hrsg. von Hermann Danuser, *Carl Dahlhaus. Gesammelte Schriften in 10 Bänden*, 10 Bde., Laaber 2003, hier Bd. 5 [19. Jahrhundert II. Theorie/Ästhetik/Geschichte: Monographien], S. 102–109

Diamond [Anton Wilhelm von Zuccalmaglio], „Elberfeld. Erinnerungsfeier an Robert Schumann. ‚Des Sänges Fluch' von Schumann", in: *NZfM*, Bd. 46 (1857), Nr. 14 (April), S. 147–148

Dietel, Gerhard, *„Eine neue poetische Zeit". Musikanschauung und stilistische Tendenzen im Klavierwerk Robert Schumanns*, Kassel 1989

Federhofer-Königs, Renate, „Ein Schumann-Verehrer aus Wien: Carl Debrois van Bruyck (1828–1902)", in: hrsg. von Gerd Nauhaus, *Schumann-Studien 5*, Köln 1996, S. 221–320

Finson, Jon, *Robert Schumann. The Book of songs*, Harvard 2007

Geck, Martin, „‚Haben Sie sich wohl überlegt, was Sie geschrieben haben?' Robert Schumann und Richard Pohl als Kontrahenten im Diskurs über eine ‚neudeutsch' Musikästhetik", in: hrsg. von Ulrich Tadday, *Der späte Schumann* (= Musik-Konzepte. Neue Folge, Sonderband 11), München 2006, S. 19–28

Goethe, Johann Wolfgang von, „Ballade, Betrachtung und Auslegung", in: hrsg. von Gisela Henckmann und Irmela Schneider, *Sämtliche Werke nach Epochen seines Schaffens. Münchner Ausgabe*, Bd. 13,1 [*Die Jahre 1820–1826*], München 1992, S. 505–507

Hahn, Albert, „Die 35. Zusammenkunft des niederrheinischen Musikvereins zu Aachen unter Leitung Franz Liszt's. III.", in: *NZfM*, Bd. 47 (1857), Nr. 2 (Juli), S. 18–19

Hallmark, Rufus, „Schumanns Behandlung seiner Liedtexte. Vorläufiger Bericht zu einer Neubewertung von Schumanns Liedern", in: hrsg. von der Robert-Schumann-Gesellschaft, *Schumanns Werke – Text und Interpretation*, Mainz 1987, S. 29–42

Hand, Ferdinand, *Aesthetik der Tonkunst*, 2 Bde., Jena ²1841

Hanslick, Eduard, *Geschichte des Concertwesens in Wien*, 2 Bde., Wien 1869/70

Hanslick, Eduard, *Die moderne Oper. Kritiken und Studien*, Berlin ⁴1880

Hanslick, Eduard, *Concerte, Componisten und Virtuosen der letzten fünfzehn Jahre. 1870–1885*, Berlin 1886

Hebbel, Friedrich, *Gedichte von Friedrich Hebbel*, Hamburg 1842

Hebbel, Friedrich, „Ballade. Von Friedrich Hebbel", in: *Sonntagsblätter* [Wien], Jg. 5 (1846), Nr. 3 (Januar), S. 52

Hebbel, Friedrich, *Neue Gedichte von Friedrich Hebbel*, Leipzig 1848

Hebbel, Friedrich, *Friedrich Hebbels Briefwechsel mit Freuden und berühmten Zeitgenossen*, hrsg. von Felix Bamberg, 2. Bde., Berlin 1890–1892

Hirschberger, Leopold, *Robert Schumanns Tondichtungen balladischen Charakters* (= Musikalisches Magazin 51), Langensalza 1913

Hoplit [Richard Pohl], „Dresdner Musik", in: *NZfM*, Bd. 37 (1852) Nr. 25 (Dezember), S. 264–267

Hoplit [Richard Pohl], *Das Karlsruher Musikfest im October 1853*, Leipzig 1853

Jacobsen, Heike, *Robert Schumanns Chorballaden nach Texten Ludwig Uhland* (Diss. Ruprecht-Karls-Universität Heidelberg), Heidelberg 2001

Jarczyk, Michael, *Die Chorballade im 19. Jahrhundert. Studien zu ihrer Form, Entstehung und Verbreitung* (= Berliner Musikwissenschaftliche Arbeiten 16), München 1978

Klitzsch, Emanuel, „Kammer- und Hausmusik. Lieder und Gesänge", daraus: „Robert Schumann, Op. 107, Sechs Gesänge für eine Singstimme mit Begleitung des Pianoforte.", in: *NZfM*, Bd. 37 (1852), Nr. 16 (Oktober), S. 162

Klitzsch, Emanuel, „Musik für Gesangsvereine. Für gemischten Chor mit Orchester. Robert Schumann, Op. 116. Der Königssohn.", in: *NZfM*, Bd. 39 (1853), Nr. 21 (November), S. 223–224

Knechtges-Obrecht, Irmgard, „Waldszenen. Neun Stücke für Klavier op. 82", in: hrsg. von Helmut Loos, *Robert Schumann. Interpretationen seiner Werke*, 2 Bde., Laaber 2005, hier Bd. 2, S. 71–74

Knust, Martin, *Sprachvertonung und Gestik in den Werken Richard Wagners. Einflüsse zeitgenössischer Rezitations- und Deklamationspraxis* (= Greifswalder Beiträge zur Musikwissenschaft 16), Berlin 2007

Kraus, Joseph Martin, *Etwas über die Musik fürs Jahr 1777*, Frankfurt a. M. 1778

Liszt, Franz, „Robert Schumann", in: *NZfM*, Bd. 42 (1855), Nr. 13–15, 17, 18 (März, April)

Mahlert, Ulrich, „Die *Sechs Gesänge* op. 107. Zur Werkstruktur, zur Vertonungsweise, zur zeitgenössischen Rezeption und zur Bearbeitung für Sopran und Streichquartett von Aribert Reimann", in: hrsg. von Ulrich Tadday, *Der späte Schumann* (= Musik-Konzepte. Neue Folge, Sonderband 11), München 2006, S. 163–182

Mangold, Carl Amadeus, „Die neue Deutsche Oper", in: *NZfM*, Bd. 28 (1848), Nr. 27 (April), S. 155–160

Mendel, Hermann und fortgesetzt von Reissmann, August (Hrsg.), Art. „Melodram", in: *Musikalisches Conversations-Lexikon*, 12 Bde., Berlin 1870–1883, hier Bd. 7, S. 117–118

Mendelssohn Bartholdy, Felix, *Briefe aus den Jahren 1830 bis 1847 von Felix Mendelssohn Bartholdy*, hrsg. von Paul Mendelssohn Bartholdy, 2 Bde., Leipzig [7]1865

Nauhaus, Gerd, „Der Rose Pilgerfahrt. Märchen nach einer Dichtung von Moritz Horn für Soli, Chor und Orchester op. 112", in: hrsg. von Helmut Loos,

Robert Schumann. Interpretationen seiner Werke, 2 Bde., Laaber 2005, hier Bd. 2, S. 203–209

Nöther, Matthias, *Als Bürger leben, als Halbgott sprechen. Melodram, Deklamation und Sprechgesang im wilhelminischen Reich* (= KlangZeiten – Musik, Politik und Gesellschaft 4), Köln u. a. 2008

Ozawa, Kazuko, „Quellenuntersuchung zu den ‚Chamisso-Liedern' op. 40", in: hrsg. von der Robert-Schumann-Gesellschaft, *Schumanns Werke – Text und Interpretation*, Mainz 1987, S. 77–87

Ozawa, Kazuko und Wendt, Matthias (Hrsg.), *Robert Schumann. Neue Ausgabe sämtlicher Werke*, Serie VI [*Lieder und Gesänge für Solostimmen*], Bd. 6,1, Mainz 2009

Ozawa, Kazuko und Wendt, Matthias (Hrsg.), *Robert Schumann. Neue Ausgabe sämtlicher Werke*, Serie VI [*Lieder und Gesänge für Solostimmen*], Bd. 6,1/*Facsimile Supplement*, Mainz 2009

Ozawa, Kazuko und Wendt, Matthias (Hrsg.), *Robert Schumann. Neue Ausgabe sämtlicher Werke*, Serie VI [*Lieder und Gesänge für Solostimmen*], Bd. 6,2/*Kritischer Bericht*, Mainz 2009

Pohl, Richard, „Die Leipziger Tonkünstler-Versammlung am 1.–4. Juni 1859. Zweiter Bericht.", in: *NZfM*, Bd. 51 (1859), Nr. 5, 6, 8, 9, 19–20 (Juli, August, November)

Pohl, Richard, „Erinnerungen an Robert Schumann nebst ungedruckten Briefen, in: *Deutsche Revue*, Jg. 2 (1878), Bd. 4. (Juli–September), S. 169–181; 306–317

Pohl, Richard, „Goethe – Mendelssohn's ‚Erste Walpurgisnacht' auf der Bühne", in: *NZfM*, Bd. 56 (1862), Nr. 20 (Mai), S. 165–167

Rentsch, Ivana, „‚Fast gesprochen': Franz Liszts Liedästhetik und das Melodram des 19. Jahrhunderts", in: hrsg. von der Schweizerischen Musikforschung, *Schweizer Jahrbuch für Musikwissenschaft. Neue Folge*, Serie 31 (2001), S. 11–25

Rentsch, Ivana, „Musik als leidenschaftlicher Augenblick. Jean-Jacques Rousseau, das ‚Ballet en action' und die Ästhetik des frühen Melodramas", in: *Archiv für Musikwissenschaft*, Jg. 66 (2009), Heft 2, S. 93–109

Riemann, Hugo, Art. „Melodrama", in: *Musik-Lexikon*, Leipzig 1882

Sauer, Florian, Art. „Ballade", in: hrsg. von Ludwig Finscher, *Musik in Geschichte und Gegenwart*². *Sachteil*, Bd. 1, Kassel 1994, Sp. 1118–1157

Sauerwald, Burkhard, *Ludwig Uhland und seine Komponisten: zum Verhältnis von Musik und Politik in Werken von Conradin Kreutzer, Friedrich Silcher, Carl Loewe und Robert Schumann* (= Dortmunder Schriften zur Musikpädagogik und Musikwissenschaft 1), Berlin und Münster 2015

Schilling, Gustav (Hrsg.), *Encyclopädie der gesamten musikalischen Wissenschaften oder Universal-Lexicon der Tonkunst*, 7 Bde., Stuttgart 1838–1842

Schumann, Clara und weitergeführt von Brahms, Johannes (Hrsg.), *Robert Schumanns Werke. Herausgegeben von Clara Schumann*, 35 Bde., Leipzig 1879–1893 und 1912, hier Serie XIII [*Für Singstimme mit Begleitung des Pianoforte*], Bd. 4

Schumann, Clara und Brahms, Johannes, *Clara Schumann. Johannes Brahms. Briefe aus den Jahren 1853–1896*, hrsg. von Berthold Litzmann, 2 Bde., Leipzig 1927

Schumann, Robert, *Robert Schumann's Briefe. Neue Folge*, hrsg. von Friedrich Gustav Jansen, Leipzig 1886

Schumann, Robert, *Robert Schumann's Leben. Aus seinen Briefen geschildert von Hermann Erler. Mit zahlreichen Erläuterungen und einem Anhang, enthaltend die nicht in die „Gesammelten Schriften" übergegangenen Aufsätze R. Schumann's*, hrsg. von Hermann Erler, 2 Bde., Berlin 1887

Schumann, Robert *Gesammelte Schriften über Musik und Musiker*, hrsg. von Martin Kreisig, 2 Bde., Leipzig ⁵1914

Schumann, Robert, *Robert Schumann in seinen Schriften und Briefen* (= Klassiker der Tonkunst in ihren Schriften und Briefen 6), hrsg. von Wolfgang Boetticher, Berlin 1942

Schumann, Robert, *Robert Schumann. Tagebücher*, hrsg. von Georg Eismann und Gerd Nauhaus, 4 Bde., Leipzig 1971–1987

Schumann, Robert, *Korespondencja Schumanna*, Briefhandschriften in der Biblioteka Jagiellońska Kraków; gedruckt in Renate Federhofer-Königs, „Ein Schumann-Verehrer aus Wien: Carl Debrois van Bruyck (1828–1902)", in: hrsg. von Gerd Nauhaus, *Schumann-Studien 5*, Köln 1996, S. 247–252

Schumann, Robert, *Abschrift aus der Correspondenz*, Robert-Schumann-Gesellschaft Düsseldorf; zit. nach Heike Jacobsen, *Robert Schumanns Chorballaden nach Texten Ludwig Uhland* (Diss. Ruprecht-Karls-Universität Heidelberg), Heidelberg 2001

Schumann, Robert und Clara, *Abschriften verschiedener Gedichte zur Composition*, Robert-Schumann-Haus Zwickau, Archiv-Nr.: 4871/VIII, 4–A 3; zit. Ozawa, Kazuko und Wendt, Matthias (Hrsg.), *Robert Schumann. Neue Ausgabe sämtlicher Werke*, Serie VI [*Lieder und Gesänge für Solostimmen*], Bd. 6,2/ *Kritischer Bericht*, Mainz 2009

Schumann, Robert, *Projectenbuch*, Robert-Schumann-Haus Zwickau, Archiv-Nr.: 4871/VII C, 8–A 3; zit. nach Ozawa, Kazuko und Wendt, Matthias (Hrsg.), *Robert Schumann. Neue Ausgabe sämtlicher Werke*, Serie VI [*Lieder und Gesänge für Solostimmen*], Bd. 6,2/*Kritischer Bericht*, Mainz 2009

Schumann, Robert, *Robert Schumann. Verzeichnis der empfangenen und abgesandten Briefe*, Robert-Schumann-Haus Zwickau, Archiv-Nr.: 4871/VII C, 10–A3; zit. nach Ozawa, Kazuko und Wendt, Matthias (Hrsg.), *Robert Schumann. Neue Ausgabe sämtlicher Werke*, Serie VI [*Lieder und Gesänge für Solostimmen*], Bd. 6,2/*Kritischer Bericht*, Mainz 2009

Schumann, Robert, *Schumann Briefedition*, hrsg. von Konrad Sziedat u. a., Serie III [Verlegerbriefwechsel], Bd. 4 [*Leipziger Verleger IV: Barth, Baumgärtner, Brockhaus, Constantin, Fischer, Fleischer, Günther, Hartmann, Herrmann, Hirsch, Keil, Kistner, Klemm, Leo, Löschke, Probst, Schuberth, Senff, Spehr, Stark, Stoll, Spehr, Wigand, Wunder*], Köln 2010

Schumann, Robert, *Schumann Briefedition*, hrsg. von Renate Brunner, Serie III [*Verlegerbriefwechsel*], Bd. 2 [*Leipziger Verleger II: F. Whistling*], Köln 2011

Schumann, Robert, *Schumann Briefedition*, hrsg. von Thomas Synofzik u. a., Serie II [*Freundes- und Künstlerbriefwechsel*], Bd. 5 [*Briefwechsel Robert und Clara Schumanns mit Franz Brendel, Hermann Levi, Franz Liszt, Richard Pohl und Richard Wagner*], Köln 2014

Schumann, Robert, *Schumann Briefedition*, hrsg. von Thomas Synofzik u. a., Serie I [*Briefe aus der Familie Robert und Clara Schumanns*], Bd. 7 [*Braut- und Ehebriefwechsel Robert und Clara Schumann Bd. IV: Februar 1840 bis Juli 1856*], Köln 2015

Schumann, Robert und Clara und Liszt, Franz, *Briefwechsel zwischen Franz Liszt und Robert und Clara Schumann*, hrsg. von Wolfgang Seibold, Frankfurt a. M. 2011 [verbesserte und vermehrte Neuausgabe des Kapitels „Der Briefwechsel", erschienen in Bd. 2 der Dissertation Seibolds: *Robert und Clara Schumann in ihrer Beziehung zu Franz Liszt*, Frankfurt a. M. 2005]

Schumann, Robert, „Aus Franz Schubert's Nachlaß.", in: *NZfM*, Bd. 8 (1838), Nr. 45 (Juni), S. 177–179

Schumann, Robert „Drei gute Liederhefte", in: *NZfM*, Bd. 13 (1840), Nr. 30 (Oktober), S. 118–199

Schumann, Robert „Neue Oratorien. Johann Huß, Oratorium von Dr. A. Zeune, componirt von Dr. C. Löwe. Op. 82.", in: *NZfM*, Bd. 17 (1842), Nr. 29 (Oktober), S. 119–122

Schumann, Robert „Lieder und Gesänge", daraus „Theodor Kirchner, Zehn Lieder für eine Singstimme mit Pianoforte. – Op. 1.", in: *NZfM*, Bd. 18 (1843), Nr. 30 (April) S. 120–121

Schumann, Robert „Lieder", daraus: „Robert Franz, 12 Gesänge für Sopran oder Tenor mit Pianoforte. Op. 1.", in: *NZfM*, Bd. 19 (1843), Nr. 9 (Juli), S. 34–35

Schwarz-Danuser, Monika, Art. „Melodram", in: hrsg. von Ludwig Finscher, *Musik in Geschichte und Gegenwart*[2]. *Sachteil*, Bd. 6, Stuttgart 1997, Sp. 67–99

Shelley, Percy Bysshe/Seybt, Julius, *Percy Bysshe Shelley's poetische Werke in Einem Bande. Aus dem Englischen übertragen von Julius Seybt*, Leipzig 1844

Spitta, Phillip, *Zur Musik*, Berlin 1892

Sulzer, Johann Georg, Art. „Recitativ", in: Allgemeine Theorie der schönen Künste, 4 Bde., Leipzig ²1778–1779 [2. verbesserte Auflage]

Wagner, Richard, *Oper und Drama*, hrsg. und kommentiert von Klaus Kropfinger, Stuttgart ²2008

Wolf, Hugo, *Hugo Wolfs musikalische Kritiken*, hrsg. im Auftrag des Wiener Akademischen Wagner-Vereins von Richard Batka und Heinrich Werner, Leipzig 1911

Zelm, Klaus, „Zur Entwicklung des Konzertmelodrams im 19. Jahrhundert", in: hrsg. von Hermann Danuser und Tobias Plebuch, *Musik als Text. Bericht über den internationalen Kongress der Gesellschaft für Musikforschung. Freiburg im Breisgau 1993*, 2 Bde., Kassel 1998, hier Bd. 1 [Hauptreferate], S. 389–396